やってみよう！
教室で英語落語

大島希巳江【著】
Oshima Kimie

DVD付き

Let's try
English Rakugo
in the classroom

三省堂

はじめに

　1996年，私が大学院生のときにオーストラリアのシドニーで開催された，国際ユーモア学会に出席したのが，すべての始まりでした。国際ユーモア学会とは，世界中から集まった研究者が，真面目に，また真剣に笑いとユーモアを研究する，笑えるようで笑えない不思議な学会です。数百人いる参加者の中に，日本人は3名しかいませんでした。そのうちの1人だった私に，「なぜ日本人はジョークを言わないのか」「なぜ日本人はジョークを聞いても笑わないのか」など，日本人はつまらない・笑わないという世界に定着したイメージについて質問が集中してしまいました。そのときは明確な答えを持っておらず，きちんと答えられなかったのを悔しく思いました。そこで，「次の年の学会では，日本人のユーモアについてきちんと発表します」と約束をして逃げ帰ってきました。1996年，屈辱のシドニーです。

　帰国後すぐに，さまざまな国から集まった国際ユーモア学会の研究者に，日本人の笑いのセンスを理解させる方法と素材を探しました。笑いが生じている日常会話を分析したり，コントや漫才を翻訳してみるなど，さまざまなことにチャレンジしました。しかし，日本語や現代日本の状況を知らないと理解されないものであったり，ある程度歴史がないと日本人オリジナルのユーモアであると証明できないなど，壁や限界にぶつかりました。そんな中，見つけたのが落語です。

　実は私自身，落語というものを当時あまりよく知りませんでした。今考えると，知らなかったからできたという部分もあったかと思います。落語が長い歴史を持つ伝統芸能であり，ただの大学院生が勝手にそれを英語に訳して，海外公演を実行することなど無謀なことだ，と常識で考えればすぐにわかるのですが，そのあたりの常識がなかったので，チャレンジできたのかもしれません。ともかく寄席に通い，落語協会と落語芸術協会，上方落語協会にも挨拶に行き，落語について学びつつ，協力してくれる落語家さんを探しました。このとき，快諾してくれたのが笑福亭鶴笑さんです。翌年の国際ユーモア学会にも自費で同行してくれました。今でも一緒に海外公演へ行くことがありますが，本当に鶴笑さんには感謝しています。

　さて1997年，「屈辱のシドニー」の翌年，国際ユーモア学会の開催地はアメリカのオクラホマでした。何もない，真っ平らなオクラホマの大地で，エンターテインメントとしての伝統芸能「落語」を紹介しました。そのときは鶴笑さんが日本語で落語を演じ，私が作った字幕を噺に合わせて操作しました。結果は大ウケで，初めて日本にも

ユーモアがあったのだ，と学会で認めてもらうことができました。

　ところが，発表の後，鶴笑さんは少々不満そうでした。やはり，自分のしゃべった言葉でお客さんが笑わないと，自分の落語がウケた，という実感が持てないというのです。それであれば，やはり自分の言葉で，つまり鶴笑さんが英語で落語をしゃべるしかないですね，という話から，英語落語の公演ツアーをやろう，ということになったのです。オクラホマ大学のキャンパス内，だだっ広く芝生の広がる場所で，たった2人でそう決めました。

　それからの1年間は死に物狂いでかけずり回りました。大学院生でしたし，他の大学で非常勤講師としての仕事もしていましたし，落語の勉強も続けながら，公演ツアーのスポンサー探し，同行してくれる落語家探し，落語家の英語トレーニング，落語の英語翻訳，公演先の会場探し，現地での宿泊先や移動手段のアレンジ，全てが同時進行でした。完璧だったわけではありませんが，がむしゃらに前進しただけの成果はあったと思います。1998年10月，英語落語アメリカ公演ツアーが実現しました。落語家，お囃子さんを含めてメンバーとスタッフは8名。このとき初めてパスポートを取得したという落語家もいたほど，外国とは縁のない人たちをひき連れて，珍道中へと出発したのでした。このアメリカ公演では6カ所で公演を行い，大盛況でした。

　これがきっかけとなり，その後もずっと，日本のユーモアを世界に発信するため，毎年海外公演ツアーを続けています。英語圏だけでなく，アジアやヨーロッパの国々でも公演をしてきましたが，英語落語の公演はより多くの意味を持つようになってきました。最初は日本人にもユーモアがあるということを証明したかった，というだけで始めた公演ツアーでしたが，実際には日本文化を広めることにもつながっていったのです。日本の食文化，生活習慣，家族関係，社会的規範，仏教と神道の共存，さまざまな要素が落語には含まれています。これらを外国の人に理解できるように英訳するために，私自身も日本文化について相当勉強し，多くを学びました。さらに落語の笑いが世界の人々と私たちを笑顔でつなぎ，友好な関係を築くこと，コミュニケーションのよいきっかけやツールになることなど，多くの発見がありました。日本人にとって，よい英語学習の教材になるということも，実は後からわかったことです。

　落語は会話で構成されていますから，英語落語を覚えて演じるということは，たくさんの英会話を覚えて演じるということです。日本語にしても英語にしても，まったくの無感情で話すということはあまりありません。実際に英語を話すときは，何かしらの感情や意図があって話すものなので，声の大きさやトーン，しぐさや表情などに

それが表れるのが普通です。英語落語を演じるということは，それらを疑似的に表現しながら英語を話すという，とてもよい手法であるといえます。

　これからの国際社会はグローバル化がますます進みます。特に外国へ行かなくても，日本もさまざまな国から人が流入し，グローバル化しています。日本人という国際人である限り，英語力だけでなく日本文化を発信できる力を身につけてほしいと思います。日本文化に誇りを持って，しっかりと英語で伝えられる国際人であってほしいと思います。日本を一歩出ると，誰しもがつくづく「自分って日本人なんだな」と感じるものです。そして，日本について質問されたら答えられる人になりたいと思うものです。英語落語を一席でも覚えておけば，自信を持って英語で話せる人になれます。英語落語一席が短くても5分くらいであるとすれば，5分間は堂々と日本の伝統文化を英語で話している国際人になることができます。これは，特に若い中高生にとっては大きな自信となります。

　そして何よりも，英語落語には笑いがあります。英語表現はもちろんですが，顔の表情やしぐさなどを自分で工夫することで，笑いを作り出すことができます。たとえ英語が苦手な生徒でも，工夫すれば素晴らしいパフォーマンスをすることができます。大学でも，英語は得意ではないけれど，英語落語なら楽しく自分らしく英語を学べるかもしれない，という期待から授業を履修する学生もたくさんいます。そしていまのところ，その期待に応えられていると思います。これからも，笑いと活気にあふれる楽しい授業が展開できればうれしく思います。

　以上のようなことから，本書を出版するにいたりました。私自身が英語落語の授業を8年間続けてきた中で，若い世代にわかりやすく海外でもウケやすい英語落語を厳選し，より多くの教員の方々に使っていただきたいと願い，制作した一冊です。この英語落語という材料を，使いやすいように自由に使っていただければ幸いです。なお，本書では英語力に関係なく，誰もが取り組みやすいように古典落語を短くし，噺によってはオチを変えるなど多くの点を改変して掲載しています。実際に海外公演で演じる英語落語とも異なる点が数多くあります。これをきっかけに，落語や英語落語にさらに興味を持っていただければ幸いです。落語に興味を持った方は是非，寄席や落語会へお出かけください。英語落語に興味を持った方は是非，国内外で行われる英語落語会へいらしてください。お待ちしております！

はじめに ・・・ 3
DVDについて ・・・・・・・・・・・・・・・・・・・・・・・・・・・・・・・・・・・ 8

解説編

1. 英語落語の効用 ・・・・・・・・・・・・・・・・・・・・・・・・・・・ 10
- ❶ 異文化理解を促す「笑い」
- ❷ 落語の笑いで日本文化発信
- ❸ 海外公演でのエピソード

2. 英語落語をやってみよう ・・・・・・・・・・・・・・・ 31
- ❶ 英語学習とユーモア
- ❷ 英語落語を演じるときのポイント
- ❸ 英語落語で気をつけていること
- ❹ 英語落語の指導のヒント
- ❺ Rakugo 会をやってみよう

実践編

小噺 ········· 52

- ❶ **Carpenter?** 大工？
- ❷ **Gamblers** 賭けごと好き
- ❸ **Trial** おためし
- ❹ **Happy Life** 幸せな人生
- ❺ **A Cat's Name** 猫の名前

英語落語 海外公演でのひとコマ ········· 63

落語 ········· 64

- ❶ **Pot Mathematics** つぼ算
- ❷ **Hasty Two** 粗忽長屋
- ❸ **A Coon Dog and a Gambler** たぬさい
- ❹ **Time Noodles** 時そば
- ❺ **The Cat's Bowl** 猫の茶碗
- ❻ **A Stingy Man and Grilled Eel** ケチとうなぎ屋
- ❼ **The Zoo** 動物園
- ❽ **A Man in a Hurry** いらち俥
- ❾ **I Hate *Manju*** まんじゅうこわい
- ❿ **Momotaro, the Peach Boy** 桃太郎

おわりに ～これからの目標～ ········· 126

DVDについて

本書付属の DVD には,以下の内容が収録されています。

● 小噺
　大工?／賭けごと好き／おためし／幸せな人生／猫の名前

● 落語
　つぼ算／粗忽長屋／たぬさい／時そば／猫の茶碗／ケチとうなぎ屋／
　動物園／いらち俥／まんじゅうこわい／桃太郎

● 演じるときのポイント
　動作のポイント／声の出し方／小道具

● ハワイ公演
　時そば／粗忽長屋
　(2012年9月のハワイ公演より)

なお,小噺・落語は本書のスクリプトを
もとに演じられていますが,英語表現には多少の相違があります。
演じ方の1つのモデルとして,ご覧ください。

解説編

1. 英語落語の効用
2. 英語落語をやってみよう

 1. 英語落語の効用

❶ 異文化理解を促す「笑い」

◆── 笑いは敵を作らず

　笑いは，世界共通の好意を表すコミュニケーションです。言葉が通じない相手でも，ニコッと笑顔を交わし合えたら仲良くなれそうな気がします。ユーモア学のさまざまな研究からも「笑いは敵を作らず」といわれています。人は，自分を笑わせている相手には決して敵意をもたない，ということです。

　実際の日常生活の中でも，考えてみればその通りだと思います。目の前の誰かが何かを言ったりやったりしたことで大笑いしてしまうと，相手に対して怒りや攻撃心を持たないのはもちろん，相手のことを好きになってしまいます。よく，芸能人の人気ランキングなどでお笑い芸人が上位に入りますが，それは「人を笑わせる人は好かれやすい」からです。それを本能的に感じているために，人は好きな人のことを笑わせようとする傾向があります。いずれにしても，笑いはとても良い人間関係を生むのです。

　特に言語や文化が異なる人同士のコミュニケーションでは，笑顔や笑いがとても重要です。敵意がないということを笑顔や笑いで事前に伝えておくと，大きな誤解を生まなくて済むという利点があります。自分にとっては普通の言い方や動作が，別の文化圏の人にとっては失礼であったり，縁起の悪いことであったりして，誤解を生むことがあるからです。

　公演でタイに出かけたときのことです。たくさんの小さい子どもたちが観に来てくれて，公演後，口ぐちに「楽しかった！」「おもしろかった！」「日本人が大好きになった！」などと話しかけてくれました。あまりにかわいいので，日本人スタッフの1人が「ありがとうなー」と言って子どもたちの頭をなでたのです。すると，引率の先生の顔色がパッと変わって，そのスタッフの手を止めました。子どもたちはあまり気にしていなかったようですが，タイでは人の頭に触れるのはとても縁起の悪いこと（失礼なこと）です。神聖な子どもの頭に大人が触ると汚れてしまうと考えられているようです。

　このようなことは，相手の文化や習慣を熟知していなければどうしても起こります。

しかし，世界中の文化や習慣を熟知してからでないと世界の人とコミュニケーションがとれない，となると，もう身動きがとれません。相手のことをよく知らないままにコミュニケーションをとることも当然あるので，そのようなときに，笑いと笑顔が先に存在していれば「私はあなたに敵意はありません。あなたと仲良くなりたいと思っています」というメッセージを伝えることができます。そうすれば，たとえその後，知らず知らずのうちに相手に失礼なことをしてしまったとしても，「これはきっとわざとではない，この人は私と仲良くしようとしているのだから悪意はないだろう，知らなかっただけなのだろう」と相手も受け流してくれます。

　日本は島国ですから，大陸の人々に比べて，外国の人々と交流する機会がどうしても少なくなります。外国へ行こうと思ったら，飛行機か船で日本を出なければならないということは，とても労力もしくはお金がかかるということです。ヨーロッパなどは陸続きでさまざまな国がありますから，ある程度簡単に外国旅行を楽しむことができます。うらやましいですね。日本は外国人と交わって生活するという歴史が浅い国なので，まだまだこれからコミュニケーション技術を身につけなければならないのかもしれません。その技術の1つが，笑顔や笑いなのです。

◆── 多民族・多文化社会で重要な「笑顔」と「笑い」

　特にアメリカやオーストラリアなど，多民族・多文化の社会では，笑顔を交わすことを重視しています。それは，1つの国であっても，さまざまな文化背景を持った人たちが共存している移民の国だからです。初対面の相手がどのような文化や習慣を持った人か，さっぱりわからないということが日常的に起きているので，まずは笑顔や笑いでお互いに敵意のないことを示すことが習慣となっているのでしょう。アメリカ人やオーストラリア人は陽気でよく笑う，といイメージがありませんか？　もちろん個人差はありますが，コミュニケーションの方法の1つがそのようなイメージとして定着したと思われます。

　たとえば，エレベーターで誰かと2人きりになったとします。日本人同士であれば何も言わずに，無表情でいるかもしれませんが，多民族社会の人たちは，目を合わせてニコっと笑顔を見せ合い，「何階ですか？」「今日は暑いですね」など，ちょっとした会話を交わすことが多くあります。そうしてお互いの緊張感をとけば，相手が怖い人かもしれない，なんていう無駄な緊張感を持たずにエレベーターを使えるというわけです。エレベーターに限らず，ちょっとドアを開けてあげる，待合室で居合わせて

目が合う，などの機会にニコっと笑顔を交わすのには，「私は悪い人ではないから安心してください」という意味があるのです。

　また，多民族・多文化社会の人々はジョークもよく使います。相手との距離をぐっと縮めて仲良くなるのに，ジョークはとても有効です。特に初対面でジョークを言うのは，最初の緊張感をとくためでもあるので，彼らにとって，ジョークを言うことは親切なことなのです。相手を笑わせてあげて，安心させてあげる，サービス精神なのです。だから逆に，ジョークを言わない日本人は親切でない，フレンドリーでないと感じます。でも，仕方がないですね，日本にはそのような習慣がなかったのですから。日本は長らく日本人だけでコミュニケーションをしていたので，ウチ向けのコミュニケーションを重視し，ソト向けのコミュニケーションはあまり重視してこなかったという経緯があります。しかし，グローバル化に向けてそれでは済まなくなってきた今日このごろ，私たちもソトの世界の人たちとのコミュニケーション方法を身につける必要があるのです。

◆── 日本人は日本の笑い話で

　ジョークを言うことは親切なこと，とはいえ，おもしろければ何でもいいというわけにはいきません。笑いは人と人をつなぐ素晴らしい効用を持っていますが，同時に人をひどく傷つけることもあります。誰かを攻撃したり，皮肉ったりする意地悪なジョークは，相手に大きなダメージを与えます。どういう笑いを発信するのかは，よく考える必要があります。

　海外のジョークには，人種差別を目的にしたものや，特定の職業や身体的特徴をからかうものもたくさんあります。さまざまな偏見を持つ人たちが他の誰かを攻撃しようとしているのです。それを判断するのはとても難しいことなので，外国のジョークをただ覚えて使うことはあまりお勧めできません。良いジョークなら構わないのですが，そもそも日本人の私たちが，たとえばアメリカン・ジョークを覚えて話したところで，誰もが不自然に思います。「なぜ日本人がわざわざアメリカン・ジョークを無理に覚えて言うの…？　きっとアメリカが好きなのだろう，一生懸命勉強して覚えたのだろう」と思ってくれるかもしれませんが，日本人としてのアイデンティティはありません。日本人なら，日本の笑い話を発信するのが一番無難ですし，自然です。

❷ 落語の笑いで日本文化発信

◆──日本を発信しよう

「日本人は，真面目で几帳面で勤勉だけどおもしろくない。メガネにスーツのビジネスマンが，最新技術の商品を世界に輸出しまくっている。日本人ってどういう人たちなんだろう。日本の文化ってサムライとニンジャとマンガ（アニメ）以外に何があるの…？」こんな風に思っている人が世界にはたくさんいます。日本に住んでいる外国人は，実際のところをわかってくれていますが，それでも少数派です。日本のことは，やはり日本人が発信していかなければなりません。それが英語を話せる日本人の重要な役目の1つだと思います。

私自身，高校生になって初めてアメリカ留学を経験しましたが，現地の高校生が私に期待していたものは，私が考えていたものとはだいぶ異なりました。私が留学したのはコロラド州というアメリカ中西部の田舎で，アジア人がほとんどいない地域でした。初めて見る，日本から来た日本人である私に彼らが聞いてみたかったこと…，それは相撲力士の平均体重と，なぜ相撲や歌舞伎は男だけでやるのか，ということでした。さらに日本のアニメの制作裏話など，英語力とは関係なく内容的に私には答えられないことばかりが話題になりました。私はアメリカに留学するのだから，と張り切ってアメフトのルールやアメリカ文学や高校生活の常識などについて勉強していったのですが，そのような知識はまったく必要なかったのです。必要だったのは，日本について説明できる力でした。考えてみれば当然です。日本からやってきたばかりの英語もほとんど話せない留学生に，アメフトのルールを聞くアメリカ人はいません。たとえ英語が上手くなくても，日本人を目の前にしたら日本のことについて聞きたいものです。私たちも，目の前にスペイン人がいたらスペインのことについて聞きたくなると思います。「フラメンコってみんな踊るものなの？」などベタな質問はしても，流暢な日本語を話してほしいとはそれほど思いません。

流暢な英語でなくてよいので，日本について説明できることが英語を話せる日本人に期待されることです。これは英語を使って仕事をする場合でも同じです。英語は上手だけれど仕事に関する専門知識がない人よりも，英語は上手でなくても専門知識がある人の方が貴重です。日本の優れた技術を活かして世界で仕事をしている人たちには，英語がもともと話せるとか得意だった，という人の方が少ないくらいです。むしろ，別の分野で何かを極めた人が，世界から求められて日本を飛び出し，必要にから

れて英語を使って仕事をしている，というように見えます。たとえば日本庭園の庭師，料理人や寿司職人，宮大工，建築家，画家やアーティスト，デザイナー，エンジニアなどの技術者，そして落語家も。英語落語の海外公演に同行する落語家さんたちも，英語はあまり得意ではありませんでした。でも自分たちが大好きな落語を世界の人にも聞かせてあげたい，笑わせたいというモチベーションから英語を一生懸命覚えて，英語で落語を演じるようになりました。落語の専門家だからこそ，英語を使って世界に紹介できるものを持っていたのです。国際人とか，グローバルな人，と聞くと英語が得意な人，と思われがちですが，実はそうではありません。英語を使って発信するべき「何か」を持って初めてそういえるのです。

　日本人は学ぶことが得意です。他国の文化についてはよく学びますし，よく吸収しますが，逆に自分について客観的に説明したり発信したりすることは苦手としてきたように思います。さまざまな媒体を通して日本の文化や習慣，日本人の考え方や価値観を発信することによって，世界の人々により日本を理解してもらいたいと思いますし，そうしなければならないと思っています。その一端を，英語落語は担えるのではないかと思います。

◆── 伝統的な「会話形式」のコメディ

　日本の笑いや文化を紹介するために始めた英語落語ですが，落語を選んで本当によかったな，と思える点がいくつかあります。

　まず，何といっても歴史があります。300年，400年といえば，アメリカの建国よりも前から存在するということですから，欧米のコメディのマネではない，と証明できます。数百年前に書かれた作者不明の古典落語が，着物を着て座布団に正座した演者によって演じられているのです。これほど伝統のあるコメディはありません。

　そして，主に会話で噺が構成されているという点も，実は非常に特徴的です。そもそも，1人の演者が演じ切るのに会話だけで構成されているコメディは，世界的にはとても珍しいといえます。これは，日本人が会話を重視しているということの表れだと思います。日常会話で，自分の体験談や失敗談を人に話すとき，起きた出来事について客観的に話すよりも，誰が何と言ったというセリフを織り交ぜて話すことのほうが多いのではないでしょうか。その方が聞き手も共感しやすく，また笑い話であれば効果的なのです。

> A「友達のお父さんがポーランド人なんだけど，この間予防接種に行ったんだって。看護師さんにどちらのかたかって聞かれたとき，ポーランドって答えたら，じゃなくてどっちの肩に注射するかを聞かれていたらしいの。」
>
> B「友達のお父さんがポーランド人なんだけど，この間「予防接種受けてくる」って病院行ったんだって。そしたら看護師さんが「えーと，どちらのかたですか？」って聞くから「はい，ポーランドです」って答えたら，看護師さんが「いえ，あのー，どちらの肩に注射しますか？」って。」

　Bの会話形式のほうが，臨場感があるのがわかります。このようなスタイルが，落語にも反映されていると考えられます。そもそも日本の笑い話は，英語のジョークとは異なり，その場にいる2人以上の人が会話に参加することによって笑いが生じるケースが多いとされています。1人だけが話して話を完結するよりも，他の人が合いの手やツッコミを入れて補いながら話が進行していくことのほうが多く，会話に参加し協力しながら話をすすめるのです。そういった会話の協力体制を，落語を通して紹介することができます。

◆── 笑いとともに発信することの効能

　英語落語を通して発信することによって，誤解を解くこともできます。たとえばよく批判される日本人のあいまいな話し方や，音を立てて麺類を食べるマナーなどについても，笑いを交えて説明ができれば納得してくれます。

　相手に失礼のないように丁寧に話そうとすればするほど，遠回しであいまいな表現になっていくので，「日本人は，はっきり言わないから本当に言いたいことがよくわからない」と批判されることがあります。そんなとき，相手の話し方に合わせてはっきり物を言うのも1つの方法かもしれませんが，「これが私たちのスタイルです。丁寧な話し方なのです」と説明するのも良い方法です。こういったことも「丁寧さ」という日本文化の紹介の1つになります。落語にこんな場面があります。

> 怠け者の甥っ子のところへ心配した叔父さんがやってきます。
> お前，このごろは一体どうやって飯食ってんだい？
> ああ，それならこうやって右手に箸もって左手に茶碗持って…
> そういうことじゃないよ。その茶碗の飯はどこから持ってくるんだい？

> そりゃ，おひつからよそいます。
> じゃあ，そのおひつの飯は？
> 米びつから。
> 米びつの米は？
> 米屋が運んできます。

…と延々と続くわけですが，これを英語でやると海外のお客さんは笑いながら，なるほどと思ってくれます。「このごろはどうやって飯食っているんだい？」の微妙な意味がわからないまぬけな男との会話はこうなってしまうのか，と理解するのです。真意としては当然，怠け者で仕事をしている様子もない甥っ子に，仕事はしているのか，ちゃんと稼ぎはあるのか，ということを聞こうとしているわけです。しかし，いくら叔父とはいえ，あまり直接的な聞き方も失礼なので，遠回しにどうやってご飯を食べているのか，という聞き方をしているのです。このくらいのことは，状況判断で外国の人にもわかります（もちろんわからない人もたまにいますが，それは日本人にもいますので同じことです）。重要なポイントとしては，日本人の話し方に表れる考え方や価値観などを，笑いながら理解してもらえるということです。通常の状態でこういう話し方の日本人に巡り合ったり，真面目な講義などでこういった説明を受けても，なかなか好意的に理解されるのは難しいのですが，笑い話の中で笑いながら聞くと「なるほどね」とスッと受け入れられるのです。

　日本のそばの食べ方も，いかにそのほうがおいしいかを笑いを交えながら説明すれば，自分もやってみたいとさえ言ってくれます（そばや出し汁と一緒にすすり込んだ空気が鼻から抜けるときに，そばや出し汁の香りを一番感じることができるので，音を立てながらすすりこんで食べるのが一番おいしいのだそうです）。これらのことを理解してもらえれば，日本人ビジネスマンが少々あいまいな表現をしても「丁寧に話そうとしてくれているのだな」と理解し，日本人観光客が音を立ててスープを飲んでいても「あれが日本の食べ方なのだな」と理解してくれます。

　人の身も心も柔らかくしてくれる笑いは，柔軟な姿勢で異文化を受容するのに大きな役割を果たしています。英語落語は，日本の文化を紹介し，笑いにしながら自己主張できる，素晴らしいツールなのです。

解説編　1. 英語落語の効用

◆── ユーモアの「幹」と「枝葉」

　落語がすごいな，と思うところは，世界のどこで公演することになっても必ず演じることのできる噺があるということです。さまざまな文化圏がありますので，宗教や価値観，生活習慣などの違いから，「こういうテーマの噺は困る」と言われることもあるわけです。ブルネイやパキスタンなどのイスラム圏では，お酒や犬，死にまつわる噺はご法度です。インドでは牛が登場する噺は避けるべきですし，オーストラリアではキツネやタヌキなどの動物が痛い目にあう噺はそれほど好まれません。だんなが浮気をしておかみさんが怒る，なんていう場面は落語にはたくさんありますが，浮気の話題はダメ，という地域も多いのです(こう考えると，日本って意外に自由というか，何でも笑いにしてOKなところなのです。つくづく，そう思います)。

　さて，数百もある古典落語には，さまざまなタブーを避けても，他に選択肢がたくさんあります。ほとんどの文化圏で受け入れられる「時そば」や「つぼ算」のようなケチ噺やまぬけ噺，「桃太郎」のような生意気な子どもが登場する噺，「猫の茶碗」のように悪い人をこらしめる噺は，どこへ行っても受け入れられます。やはり世界の人とともに笑うには，世界共通の笑いがテーマのものが安心です。世界共通の笑いとは，文化の違いにかかわらず，誰もが経験し，共感できるような，人間としての本質をついたものではないかと思います。そして落語にはそのような噺がとても多くあります。

　現代風の新作落語や現在の漫才なども，日本人にとってはとてもおもしろいのですが，外国語に訳して海外で演じても通用しないものが多いのです。それは，現在の日本社会でどういう風習があるか，とか，何が流行っているか，などを知らないと共感できないからです。よく，「落語のような日本の伝統的な噺を外国の人に理解させるのはとても難しいでしょう」とご心配をいただきますが，実は古典落語のほうが現代的な落語や漫才よりもずっと世界で通用しやすいのです。古典落語が世界で通用する理由は，ズバリ「古いから」なのです。古いから通用する，というのはおかしな話のようですが，よく考えると理にかなっています。

　古典落語の多くは，400年ほど前に書かれた作者不明の作品が基になっています。17世紀を生きた江戸時代の日本人と，21世紀の今を生きる私たち日本人を比べてみれば，同じ日本人であるとはいえ，かなり違った文化の持ち主同士であろうと予想できます。言葉も社会状況も日常生活も，それこそ何が流行っているかなども，全く異なります。今，400年前の日本人が現代にタイムスリップしてきても，会話さえもままならないかもしれません。その400年前の日本人がおもしろいと思った噺を，今の

日本人もおもしろいと思っているのが古典落語です。もちろん，この400年の間に演じられなくなり，消えていってしまったものもたくさんあります。今でも残っている古典落語は，そんなありとあらゆる時代を生き抜いてきた精鋭たちなのです。外国人並みに文化の違う400年前と現代の日本人を笑わせることのできる古典落語は，どんなに文化の違う人でも笑わせることのできる世界共通の普遍的なもの，まさにユーモアの「幹の部分」が入っているものなのではないでしょうか。

　「幹の部分」に対して，「枝葉の部分」もあります。「枝葉の部分」とは，噺の中心となっている部分ではなく，それ以外の日本文化が表れている細かい部分のことです。噺の幹の部分が通じるのであれば，観客は十分に楽しめるので，枝葉の部分では，日本文化を学んでもらいましょう。

　たとえば「時そば」ならば，噺の中心，つまり幹の部分は，お勘定をごまかすところです。まぬけな男が賢い男のマネをして失敗するという点や，お金は１円でも得するとうれしい，損したまぬけな男はドジで笑える，というところは世界共通です。ここが通じるから，この噺はどこでも演じられるのです。

　一方で，この噺の枝葉の部分は，どんぶりを左手で持ち上げた状態でそばを食べること（アジアを含め，器を持ち上げて食べるという食事のマナーは非常に珍しい），割り箸を割る場面（割り箸を知らない人はとても多い），そばや出し汁をズルズルという音とともに食べること，などの，日本ならではの場面です。

　つまり，噺の中心は共感して笑ってもらい，日本文化はその場で見て理解してもらうというスタンスです。翻訳するときにもそのバランスをとても大事にしています。

◆── 英語落語はカリフォルニア・ロール！？

　私はよく，英語落語をカリフォルニア・ロールにたとえて説明します。カリフォルニア・ロールは，生の魚を食べ慣れないアメリカ人のために寿司職人が考え出したアイディア創作寿司で，かに風味かまぼことアボカドとキュウリとマヨネーズを巻いた巻き寿司です。しかも当時，海苔はブラック・ペーパーと呼ばれ，あまり喜ばれなかったので，ラップにとびこを散らして，それで巻いて仕上げられました。見た目も鮮やかでおいしそうです。寿司としては邪道かもしれませんが，当初，カリフォルニア・ロールだけを食べに日本料理店や寿司屋に来る人はとても多かったのです。そうしてこの邪道な寿司を目当てに寿司屋に通っていた人たちが，やがて他の寿司も食べるようになり，まぐろのにぎりもおいしいということに気づき，本当の寿司はこういうも

のなのだ，ということを理解するようになっていったのです。その後もえびのテンプラ・ロール，うなぎとアボカドのキャタピラー・ロールなど，さまざまな創作ロール寿司が作られ，そうすることによって，sushiが世界に普及したのです。今，世界のどこへ行っても日本のsushiはよく知られています。

　カリフォルニア・ロールが世界にsushiを広めた立役者であり，本来の寿司を知るきっかけを作っているならば，英語落語も同じ役割を持っているといえます。たしかに落語を英語にしてしまった段階で，元の落語とは異なるRakugoになってしまいます。英語落語を始めた当初は「そんな邪道なものを勝手に世界に広めるのはやめてほしい」と落語家さんや落語ファンによく言われたものですが，そういうときは，「英語落語が本物の落語だなんていいません。これはカリフォルニア・ロールがsushiであるように，Rakugoなんです。落語を知ってもらうためのきっかけ作りなんです」と説明してきました。カリフォルニア・ロールの口当たりがいいのと同じで，Rakugoは日本語を知らない海外の観客にとっては耳当たりのよいものです。それで日本に興味を持ってもらうことがRakugoの役割だと思っています。まんじゅうという食べ物を食べてみたい，音を立ててそばをすすりこんでみたい，そんなきっかけでもいいのです。それで日本に旅行に来てくれたり，近所に住む日本人に親切にしてくれたり，職場にいる日本人とコミュニケーションがとれたりしたら，うれしく思います。本当にそれ以上に興味があれば，日本に来て日本語を勉強して，日本語の落語を聞いていただければいいと思います。

　伝統を守る仕事やその素晴らしさも当然あり，きちんとそれをやっていらっしゃる方々がいるので，邪道があってもそんなに悪いとは思いません。別の文化圏のものが融合することで(それぞれの国では邪道でも)新しい素晴らしいものができるという例は，これまでにもたくさんあります。そもそも日本は文化融合が得意です。明太子スパゲティだって，あんパンだって，ビーチサンダルだって文化融合の賜物です。イタリア人からしたら，「明太子をパスタにまぶすとは何事だ！」と思うかもしれませんが，これがまたイタリア人も認めてしまうほどおいしいものとなったのです。本場のものだけを世界に押しつけようとしたら，普及しなかったと思います。世界で普及するということは，形が変わっていくということです。伝統を守る一方で，多様性も寛容に認める，このバランスが大事なのだろうと思います。

　これからも，世界の人々に日本について知ってもらうため，Rakugoを続けていきたいと思っています。

❸ 海外公演でのエピソード

　これまでに英語圏も英語圏でない国・地域もたくさん訪ねてきました。行く先々でさまざまなアクシデントや楽しみがありました。英語落語の公演も，当然一筋縄ではいきません。ここでは，海外で英語落語はどのように受け入れられているのか，ご紹介したいと思います。

◆── まずは舞台づくりから

　ほとんどの会場で落語公演をやるのは初めてなので，事前に連絡しておいても理解できていないことも多くあります。たとえば，高座(演者が座る一段高い舞台，英語ではplatformと呼んでいます)が不安定なことなどは日常茶飯事です。どうやら，その上に座って演じるとは思っていないようで，木箱を何十個も積み上げて作った高座に赤い絨毯をかけてあるだけの，よじ登るだけでもフラフラする危ない高座もありました。高座が低すぎることもよくあります。落語は正座で演じるため，舞台をぐっと高くしないと，前列の人以外は演者が全く見えなくなってしまうのですが，通常はどの会場でも舞台に上がる人は立って話すので，ずっと正座をする姿勢での高さはなかなか想像がつかないのです。

　ですから，会場についてから急きょ高座を作るということがしょっちゅうです。私ももう慣れていますから，現場についたらすぐに高座をチェックし，使えないようであればその場にある台や机などを使って何とかします。アメリカでは，ベッドのマットレスを高座にしたこともありますし(これはフッカフカです)，宴会用の丸テーブルの上で英語落語をやったこともあります(これはガッタカタです)。でも，何でも大丈夫。お客さんからちゃんと見えていれば，少々の居心地の悪さはがまんです。どの現場でもそうですが，その場にあるものだけで何とかする，というのが基本です。落語だからできることですね。

　高座は妥協するにしても，座布団は最初困りました。座布団というものがない国が多いので，はじめのころは日本から持って行きました。しかし，この落語用の座布団は非常に大きいものなので，大きなスーツケース1つがほぼ座布団だけで一杯になってしまいます。そこで今では，特別に注文して作った，持ち運び用「座布団カバー」なるものを海外公演には持って行きます。現地についたら，これにホテルの枕を2つほど詰め込むのです。これで完璧な座布団のでき上がりです。この座布団カバー，本当

に重宝しています。

　その他にも大変なことはたくさんあります。現地スタッフとやりとりしながら，まぶしすぎたり暗すぎたりする照明を調節してもらい，低いマイクスタンドを作ってもらい，舞台袖をパーティションで作ってもらい…。大騒動です。でも大丈夫。これまでもずっと何とかしてきました。楽屋や控え室がない劇場もありましたが，そんなときは高座の後ろのカーテンの陰で着替えます。何だって可能です。考えてみればお客さんのほうだって大変なのです。見たこともない，どうやって見たらいいかわからない落語を見ようとしているのですから。

◆──「僕は権助じゃない！」

　アメリカのセントルイスの小学校で公演をしたとき，落語の上下（かみしも）を振る（顔の向きを変えて登場人物の演じ分けをする）というルールが今ひとつ飲み込めなかった小学生が困惑してしまったということがありました。一応，落語についての説明をしてから英語落語を始めたのですが…。

　私の「権助魚」という噺の冒頭で，「これ，権助！　権助！　何をやっているの，こっちへ来なさい！」と奥様が話しかける場面があります。英語ですから"Gonsuke, Gonsuke! What are you doing, come over here!"となるわけですが，その指先の方向に座っていた男の子がすっくと立ち上がり，"I'm not Gonsuke! I'm Jay Anderson!"と怒ったような表情で叫び，ちょっとした笑いが起こったことがありました。彼は，自分が話しかけられている，と思ったのですね。

　こういったことは，実はよくあります。登場人物のセリフが自分に向けられていると思い，返事をしたり，舞台に近寄ってきたり，質問をしてきたり…と，海外のお客さんは自由です。参加型である，ともいえます。ですから，英語落語の海外公演の場合は，アドリブも大事です。お客さんが公演中に話しかけてくることは珍しいことではないので，うまく取り入れたり返したりしなければならないのです。このときは，"Of course you are Jay! I know that. You are a good boy. So I wasn't talking to you. I was talking to Gonsuke. He is not listening to me. Hey, Gonsuke! Where are you!" "Yes, did you call me?" "Yes, Gonsuke. Where were you? Jay and I were all confused. We were looking for you. Hey Jay, sorry about that. Have a seat. I have something to say to Gonsuke."（「ジェイでしょ，もちろん知ってるわよ。あなたはいい子だからいいのよ。あなたに言ったんじゃないの。権助に言ってたのよ。あの子

全然聞いてないから。ちょっと権助！どこなの！」「はいはい，呼んだあ？」「呼んだわよ。どこにいたのよ。ジェイと私でわけがわからなくなって探しちゃったじゃない。ねえ，ジェイ，ごめんなさいね。もう座っていいわよ。私，権助に言うことあるから。」)
…と，この後は噺に戻って続けました。この一連の会話で，登場人物がお互いに話しているのである，ということをジェイくんも理解してくれたようです。

◆── アジアの暑い落語会

　インドの小学校では，体育館で公演をしました。とってもきれいでおしゃれなガラス張りの体育館ですが，なんと冷房がないのです。外の気温は43度，そして体育館内はまさかの45度！　立っているだけで汗だくの会場で，着物を着て90分間の公演をやるのですから，倒れなかったのが不思議なくらいです。そんな中，小学生たちは集中して落語を見られるのだろうか，と心配だったのですが，そこは慣れているせいか800名の小学生が全員よく笑い，拍手喝さいしてくれました。この笑顔があるから頑張れるのです。ウケなかったら，途中で倒れていたと思います。

　暑いといえば，シンガポールも暑い国です。何度か違う時期に行きましたが，やはりいつ行っても暑いです。そのせいか，夜，屋外で公演したこともあります。通常，落語は屋外でやるものではありません。囲まれた空間でないと，落語の世界が描けず，気が散ってしまうのです。しかし，暑い国の人は，夜，涼しくなると，どうしても外で何かを楽しみたくなるのです。シンガポール国立図書館の中庭で，しかも噴水をはさんで観客と向き合い，大声を張り上げて英語落語をやりました。

　シンガポールの中学校でも，体育館で公演をしました。これまた冷房がないのですが，舞台の前後左右から直径1メートルもある巨大な扇風機4つで高座に涼しい風を送り続けてくれました。ただ，もう着物の袖も裾も髪の毛も，前後左右からの強風でぐしゃぐしゃに舞い上がり，何がなんだかよくわからない状態でした。それはそれで大ウケでしたが。

　シンガポールの生徒たちはとても礼儀正しく，感動的でした。会場や控え室まで案内してくれるのは皆生徒さんたちで，両手をそろえて「こちらへどうぞ」とお辞儀してくれます。観客として体育館に集まった中学生も，500人が全員きちんと膝を抱えて

大笑いするシンガポールの中学生たち

三角座りです。しかも公演の始まる30分も前からその姿勢…。先生が少し厳しいのかもしれません。公演が始まる頃には少々おしりも痛くなっているだろうと思い，公演の最初に足を崩していいですよ，ちょっとストレッチしましょう，と声をかけて全員で少しストレッチしました。が，その後の公演時間90分はしっかり三角座りでした。素晴らしい。英語圏とはいっても，アジアの気質を感じました。

シンガポールからマレーシアまで，豪華客船に乗って船上公演をする機会もありました。3000人もの人が乗船している船には，900人入る大劇場があり，そこで英語落語の公演をしました。この大劇場では次から次へとさまざまなショーが繰り広げられます。サーカス，手品，バンド演奏にダンス…。日本ではありえない順番でショーが続いていきます。楽屋がダンサーの女性たちのとなりだったので，衣装を取り換えっこして着たりなんかして，なかなか楽しい経験をしました。

マレーシアはよく知られた親日派で，英語落語も好意的に受け入れられています。特にクアラルンプールには，毎回英語落語を観に来るファンや英語落語通がいるので，いつも新しいことをしなければならないという良い緊張感があります。

◆── 入国審査で

マレーシアと同じく親日派の国といわれるオーストラリアでは，中学・高校生の日本語弁論大会に招待され，それを拝見したあとに英語落語公演をしたこともありました。みなさんレベルの高い日本語で，立派な内容のスピーチをされていました。中学・高校だけで日本語弁論大会が成り立つほど参加者と観客が多いことに驚きました。さすが，オーストラリアは日本語教育が充実している国の1つですね。地理的にはアジアに近い国ですから，アジア文化圏といっても過言ではありません。学食などにも必ず箸が常備されていますし，現地の会場でも座布団から屏風まで用意されていたほどです。

シドニーのオペラハウスでも英語落語をやらせてもらいましたし，メルボルン，ダーウィン，パース，キャンベラ…ほとんどの都市で招待してもらい，英語落語公演をやっています。何度行ってもまったく苦にならないのですが，オーストラリアでの公演にあたり唯一大変なのが入国審査です。

公演のために，とにかく変わったものを持ち込むので，どこの国でもスーツケースを開けられたら何かと面倒ではあります。それでも意外にするっと通り抜けることが多いのですが，オーストラリアだけはなかなかそうはいきません。特に，オーストラ

リアは動植物の一部を使って作られた製品の持ち込みには非常に厳しい規定を設けているため，猫もしくは犬の皮が張られ，クジラのヒゲが使われている三味線は，もう説明が大変です。バチが象牙だったりなんかすると，ワシントン条約以前に作られたものであるという証明書まで持っていかなければならないのです。木製でさらに皮が張られている太鼓も，申告して検査を受ける必要があります。そのため，入国審査にはとてつもなく時間がかかります。

　三味線は3つに分かれて収納されているのですが，審査官の前で組み立てなければなりません。組み立てたら組み立てたで，「せっかくだから弾いてみて」と言われたり，ついでに見つけた玉すだれを引っ張りだして，「これはどうやって使うんだ。やってみて」と言われたり…。「Rakugoの公演のために来ました」と言えば，「Rakugoって知らないな。ちょっとやってみて」ときます。見学する審査官の人数もどんどん増えてきて，結局，入国審査でミニ公演をやっているようなものです。

　ここまで大げさなことにならないまでも，どこの国でも入国審査で「Rakugoという日本のパフォーマンスをしに来ました」と言えば，必ず「何かやって」と言われます。快く小噺を披露すると大喜びしてくれます。きっと退屈しているのでしょう。

◆── イスラム圏の厳しい検閲

　さて，普段なかなか行けないような国々にも，英語落語公演の招致ということで行かせてもらうことがあります。たとえば，ブルネイ，パキスタン，イスラエルなどは個人旅行などではあまり行くことがない国々であるといえるでしょう。

　ブルネイとパキスタンはイスラム圏ですから，特別な規定に従って噺を選定しなければなりません。日本にいるうちに，まず候補の噺をいくつか選び，スクリプトを事前に送ります。それをブルネイの日本領事館の方々がチェックし，不適切と思われる単語や表現を書き換える作業をします。噺によっては却下となり，別の噺を選び直す必要があります。どういったことが不適切かというと，前述のように，まずお酒が登場する噺は真っ先にアウトです。ブルネイは国民のほとんどがイスラム教徒なので，国内にアルコールを持ちこむことさえできないほど禁酒が徹底しています。落語には比較的お酒が出てくる噺が多いので，これらは省かなければなりません。実際に舞台でお酒を飲むわけではないのですが，公衆の面前で演者がお酒を飲んで酔っ払うという演技をすることはやはり望ましくないのだそうです。また，犬は不浄の動物なので，犬が出てくる噺はダメです。さらに，死の受け止め方が日本人とは異なるので，噺の

中で人が死んだりするともうまったく笑えなくなってしまう、ということから死にまつわる噺もダメです。幽霊や死神が普通に登場する噺も古典落語にはいろいろあるのですが…。本書に収録している「粗忽長屋」など、あまりにバカバカしくて笑えますが、それは日本人が死に関して、実は他国の人より寛容なところがあるということなのです。生まれ変わりなどの概念があるからかもしれません。

検閲の厳しいブルネイ公演

　そういった数々のタブーをくぐり抜けた噺だけが、晴れてイスラム圏で演じられます。とはいえ、ブルネイでは、一般のお客さんの前で公演する数日前に、検閲用公演がありました。政府関係の人や教育大臣など十数名だけが、400人入る会場の前列で、まったく笑いもせずメモをとりながら怖い顔して観ていました…。とても気分が滅入る体験でしたが、その検閲もパスしてようやく本番へのOKが出るのです。

　ただし、本番でも気をつけなければならないことがあります。まず、アドリブ禁止。検閲でやったのとほぼ同じように演じなければならないのです。下手にアドリブを入れて、それが規定に反する言葉であったりしたら困るからです。それに、ブルネイでは男性も女性も肘から上、膝から上を人前で出さないこと、というきまりがあります。落語は着物で正座して演じるので、膝が出ることはありませんが、気をつけないと肘は袖からすぐに出てしまいます。ですから、腕の動作は小さめに、肘が出ないように気をつけなければなりません。そういった多くのしばりがあるために、ブルネイではなかなか外国からエンターテインメントを持ちこむことができないそうです。私が初めてブルネイで公演したのは2005年でしたが、その時点で外国人のエンターテインメントがブルネイに来たのは3年ぶり！とのことでした。その後も、ブルネイには英語落語公演で呼んでいただいています。

◆── 平和のために①

　ブルネイで厳しい検閲を受けたので、その後のパキスタンは比較的ラクでした。噺の選定もほとんど問題なくすすめることができました。パキスタンは、カラチの日本大使館からの要望で、カラチとイスラマバードで公演することになりました。

　正直なところ、パキスタンへ行くまでは、パキスタンは怖いと思っていました。治

安は悪いし，テロは起きるし，食べ物だって相当気をつけなければ体調を崩す，と聞いていましたから。このときも，いつも英語落語公演ツアーに同行するメンバーに声をかけましたが，さすがに同行をしぶるメンバーもいました。それは仕方ないことです（でも，こんなときでも笑福亭鶴笑さんは，やはり一緒に来てくれました）。私自身もちょうど妊娠8カ月で，しかも高齢出産の初産でしたから，迷いはありました。でも，現地でがんばって働いている日本人がたくさんいて，その人たちが来てくださいと言っているのに，断るのは失礼なように思いました。それに，パキスタンで英語落語を演じることの意義を考えたら，絶対に行くべきだったのです。

　パキスタンは反米感情が強く，私たちが到着するほんの2週間前にも，カラチにあるアメリカ大使館がテロの爆弾で爆破され，建物の一部がなくなっていました。ななめ向かい側の日本領事館も正面玄関と建物の一部が壊れ，ガラスがバラバラに割れたままになっていました。そのような不安定な状況の中，パキスタンの人たちに親日感情を持ってもらう目的で，英語落語会は開催されているのです。そうすることによって，現地で働く日本人が救われることがあるのだそうです（同様の目的で，英語落語の公演を依頼なさる海外の日本企業はたくさんあります。日本企業で働く現地スタッフと日本人スタッフの間の温度差や感情の隔たりを少しでも軽減するために，英語落語会を開催するのです。落語がきっかけになって，社内で笑いのあるコミュニケーションがとれるようになるということです）。

　たしかに，パキスタンでは，訪れた日本領事館が一部破壊されていたとか，武器見本市が公演会場近くで開催されることになったために公演の時間をずらしたりとか（武器見本市へのテロ攻撃がある危険性が高いとされたため），ブレア英首相（当時）の急な訪問による道路封鎖で，高校生の団体が会場に辿りつけなかったとか，とにかくさまざまな予定外のことがありました。外国人である私たちは外を自由に歩くことはできませんでしたし，ほとんどのものが撮影禁止で，車の窓さえも開けることを禁じられたほどです。日本の社会情勢とはかなり違いましたが，公演をしてわかったことがあります。それは，パキスタンの危険なイメージを作っているのは，ほんの一部の過激派であって，ほとんどの一般市民は私たちと同じ普通の善良な人々であり，同じように治安の悪さに怯えて生活しているということです。だからこそ，ときには思い切り笑ってストレスを吹き飛ばす必要があるのです。カラチでもイスラマバードでも，多くの観客が集まって大いに笑ってくれました。こんなに心から笑ったのは数年ぶり，と涙を流して笑ってくれた女性もいました。公演の後に観客との交流会をよくやりま

すが，本当に皆さん喜んでくれて，日本を好きになってくれて，「日本人っていい人ね」と言ってくれます。

◆── 平和のために②

　これは，イスラエルに行ったときにも同じように感じました。イスラエルも内戦が多く情勢が不安定です。テルアビブにもエルサレムにも美しい街並みに弾丸の跡がたくさん残されていますし，どこを歩いても若い兵士が銃を持ってウロウロしています。だからこそ世界で一番平和を願っているのは私たちだ，とイスラエル人は言います。イスラエルの公演をアレンジしてくれたテルアビブ大学のラケル教授は，17歳の息子さんと14歳の娘さんの母親でもあります。イスラエルは男女ともに兵役義務があり，息子さんは高校卒業と同時に3年間の兵役を務めることになります。2012年6月，ちょうど私の訪問中に，息子さんへの徴兵通知が届きました。兵役を務めている間は，何かあれば真っ先に戦場へ出てかなければならないそうです。ラケル教授は言いました。「正直，これからの3年間だけでも争いがないことを心から祈っています。イスラエルの全ての世代の全ての親が，自分の子どもたちのためにイスラエルと世界の平和を願っています。イスラエルは「戦場」というイメージがあるでしょうけれど，私たちほど平和を願っている人たちはいないと思います。」イスフエルの人たちもまた，ほとんどが善良なのです。ほんの一部の過激なテロリストがイスラエル全体のイメージを作ってしまっているのです。

　そんなに怯えながら生活しているのであれば，そんな治安の悪い国，出ていけばいいのに，と思うかもしれません。でも，そうはいかないのです。日本も2011年の東日本大震災の際，海外ではかなりひどく報道されたようで，実際，海外に住む私の友人や親戚も，「ウチにとりあえず来なさい！」と誘ってくれました。しかし，日本を逃げ出した日本人は多くありません。何とかしよう，再建しよう，と考えている人がほとんどです。自分の国ですから。パキスタンやイスラエルも同じだと思います。危険もあるけれど，全ての地域が危険なわけではありません。自分の国ですから，何とか改善していい国にしていこう，とがんばっているのだと思います。

　パキスタンやイスラエルの人たちこそ，平和な環境を求めています。笑いも求めています。緊張感や恐怖感からほんの一時でも解放されなければ，ストレスがたまってしまいます。その役割を日本人である私が少しでも担えればうれしいと思っています。こうなったら，どんなところでも呼ばれれば行こうと思っています。呼ばれるという

ことは，需要があるということだと思いますから。イメージと実際は違うことが多いですから，偏見を持たずに人と接しなければなりませんね。

　イスラエルも本当に行ってよかったと思います。親日派の学生さんが多く，流暢な日本語で話しかけてくれた大学生もいました。こんなに優秀で素晴らしい人々がいるのかと感動してしまいました。

◆── ドイツ人は笑わない!?

　さて，さまざまな国や文化圏で公演をしてくると，観客がどのような人たちであっても，何とか相手に合った噺を考えたり，相手にわかりやすい演じ方がどんなものか，だんだんとわかるようになってきたりします。それでも最近，もっとも緊張した公演があります。それはドイツ，ベルリンでの公演でした。

　ドイツ人は，ヨーロッパではよく日本人と似ていると言われることがあります。真面目できちんとしていて時間を守るが，笑顔のイメージがなく仏頂面。上の者からの命令は絶対で，誰もが従順に従うため軍隊が強い。自分に厳しく他人にも厳しい。だから工業製品を作ることは得意で，世界に名だたる自動車メーカーがあり，性能と安全性でいえばどれも世界でトップクラス…などなどあります（が，実際にベルリンでドイツ人に聞いてみると，それほど似ているとは思っていないようでした）。それはそうと，ドイツに行く前から気になっていたのは，ドイツ人は真面目で笑わないというイメージがあることです。日本人も同様のイメージを世界では持たれていますが，実際にはよく笑います。なので，ドイツも行ってしまえば皆よく笑う人たちだということがわかるかもしれない，と期待して行きました。

　ところが，本当にベルリンでは笑顔に出会いませんでした。空港からのタクシーの運転手は，制服を着てメーターを回し，外国人客からぼったくろうなどと全く思ってもいない真面目な人でしたが，まったく笑顔を見せませんでした。ホテルのフロントでも，毎朝会って"Good morning."と言ってくれる女性がいましたが，いつも怖い顔で挨拶するのです。美術館でもカフェでも，サービス業なのにこんなに怖い顔でいいのか，と思うほどでした。ここは日本人と大きく異なりますね。そうして数日過ごしているうちに，こんな調子でドイツの客は英語落語を笑ってくれるのか，不安になりました。ベルリンでの公演をアレンジしてくれた方や，スタッフのみなさんはとても良い人たちですし，話せばもちろん笑ったり，笑顔を見せてくれたり，よいコミュニケーションがとれていたのですが，街中の人は愛想がなさすぎるとさえ思いました。

そんな不安な中，ベルリンのダーレム美術館の中の劇場で英語落語会を開きました。すると意外なことにお客さんは手を叩きながら大爆笑してくれたのです。おばあさんなど，あごがはずれるのではなかと思うほど大きな口を開けて，隣の男性の肩をバンバン叩き，若い女性は大笑いしてのけぞり，座席の背もたれに頭をぶつけるほど豪快に笑っていました。公演前の不安は何だったのかと思うほど，大勢のドイツ人が大笑いしていました。

　ドイツ人も「ドイツ人はなぜ笑わないのですか？」と聞かれれば，日本人と同じように「笑いますよ，もちろん！」と答えます。しかし，「買い物などの場面でなぜ笑顔を見せないのですか？」と聞くとこんな答えが返ってきました。「ドイツ人は正直だからです。」ドイツ人はとにかく正直だから，おもしろおかしいことがない限り，わざと笑ったりはしないのだそうです。これは，複数のドイツ人に聞きましたが同じようなことを言っていました。ホテルのフロントの女性が毎朝怖い顔で挨拶するのは，朝早くから働いていること自体は，別におもしろくもおかしくもないから，なのだそうです。(じゃあ，私がジョークの1つでも言えばよかったのですね。あんまり怖い顔をしているので，思いもよりませんでした。)カフェの店員も，笑えるようなことがない限り，客にウソの笑顔を作って見せることはしないそうです。なるほど，正直なんですね。正直だから，お勘定をごまかさないし，頼んだことは仏頂面だけどきっちりやってくれるのです。ということは，英語落語公演に来て大笑いしてくれたのは，本当におもしろかったのです，きっと。本当によかったです。

◆── **海外の大学でのワークショップ**

　英語落語の海外での活動は，公演だけでなく教えるということもします。グアム大学，ハワイ大学，フィリピン演劇専門学校などでは，学生を対象にワークショップを行いました。かなり本格的に演劇を勉強している学生さんが，英語落語に真剣に取り組んでくれました。彼らの発想は自由です。落語とはこういうもの，という固定概念がないので，ものすごく飛躍したアイディアを取り入れて落語にチャレンジしてくれます。それはもう，こちらとしては大変勉強になります。普段はシェイクスピアやミュージカル，モダンアートやダンスなどの舞台

ベルリン自由大学の先生も落語に挑戦

をやっている学生さんたちが座布団に正座して演じる落語は，さまざまな要素が混ざっておもしろいものです。身体能力が高いのか，座布団から一歩も出ずに逆立ちしたりジャンプしたり，逆に高座から転げ落ちていったり。登場人物の設定もさまざまです。つぼ屋のおじさんがゲイだったり，いらち俥の俥屋がヒステリーな女性だったり。3人くらいで噺をオムニバスにしてつないだり，とアイディアも満載です。ハワイ大学やフィリピン演劇専門学校では，ワークショップをきっかけに英語落語部というクラブができました。そうやって，英語落語はどんどん広がりを見せています。今後，彼らが発表してくれる英語落語が楽しみです。

＊　＊　＊

　さまざまな国を旅してきて，もちろん失敗や残念なこともたくさんありました。タイのバンコクでは水上バス（要するに船です）がすれ違うその瞬間に乗り換えなければならない，という難しい乗り継ぎに失敗し，スタッフとはぐれ，半泣きになったこともあります。ロシアの飛行機では離着陸のたびに，乗客や乗務員から「ブラボー！」の声が上がり，全員スタンディング・オベーションで拍手喝さいする様子を見て，命がけで飛んでいるのだという実感がわき，ゾッとしました（英語落語，ここまでウケるかな，と不安になるほどの盛り上がりでした）。ノルウェーのベルゲンやドイツのベルリンでは，古くて美しい街並みに目を奪われましたが，古くてステキすぎるガタガタ石畳の道にスーツケースのタイヤも奪われました。香港では，噺を始めたとたんに「その噺知ってる！」と言われてへこみながら一席がんばったという経験もあります（セリフの合間合間，笑いが起きるたびに "But of course you knew."「まあもちろんご存じだったと思いますが」と言いながら演じましたが）。
　どこに行っても，結局人は基本的に一緒だなということを感じて帰ってきます。外国との違いは目立つので，違いにばかり目がいってしまいがちですが，本当に大事なことは共通点を見いだすことだと思います。枝葉の部分はさまざまで，その違いは楽しいものですし，お互いに学べるところもあります。そして幹の部分は人として共通であり，そこに共感して一緒に笑えたらいいなと思います。一緒に笑うことはお互いに好意を持つことであり，平和な環境を作るということです。そういう場をたくさん作っていきたいと思っています。

2. 英語落語をやってみよう

❶ 英語学習とユーモア

　外国語を習得するにおいてユーモアは有効である，という研究は世界中に，それこそ国際ユーモア学会での研究成果に数多くあります。

　まず，何といってもモチベーションが上がります。リスニングでは，笑いたいという本能的な欲求と，クラスで自分だけ笑えなかったら恥ずかしい，寂しい，という気持ちから，生徒はすばらしい集中力を発揮し，一生懸命聞きとろうとします。「今のジョーク(小噺)がなぜおもしろかったのかというと…」と説明されることほどつまらないことはありません。なるほど，とは思いますが，それを聞いて「わーっはっは！」とは笑えません。生徒もそれを知っているので，自分で聞きとって理解して笑いたいと思っているのです。

　また小噺やジョークなどは，覚えておいて頻繁に使うことによって，自分の英語は通じるという実感と自信につながるというメリットがあります。普通の英会話だと，自分の英語が通じたのかどうかわからないという不安や，学習の成果が必ずしも目に見えないという不満足感があります。小噺やジョークであれば，相手が「笑い」という圧倒的に肯定的な反応を示すので，自分がしゃべった英語が通じた，という実感が持てます。相手が笑ってくれるので好感度もばっちりです。しっかり覚えてしっかり話せば，少なくとも小噺やジョークを話している間だけは，英語でペラペラしゃべっている自分になれるのです。

　落語は会話でできているので，たくさんの英語落語を覚えるということは，たくさんの英会話の表現が頭に入るということです。もともと英語レベルの高くなかった落語家さんたちも，毎年のように新しい噺を覚えて多くの英会話のフレーズを頭に入れることによって，日常会話程度の英語なら話せるようになっています。「時うどん」という噺が得意な落語家さんは，レストランに入るとパスタや麺類，スープの出し汁の褒め方がとても流暢で上手です。これは，英会話のフレーズのインプットとアウトプットを繰り返しているからだと思います。日常生活で必要なときに必要なフレーズがスッと出てくるのは，しょっちゅう使っているからです。落語家は覚えた英語落語を高座で繰り返し演じているので，記憶したものをしょっちゅう口から出しているというこ

とになるのです。話す力は，たくさん話すことによって，聞く力はたくさん聞くことによって身につきます。英語での発信力をつけようと思ったら，どんどん英語で話す機会を増やすことです。たとえば，腕立て伏せをやっても，腹筋にはあまり効果がないのと同じです。腕を鍛えるなら腕立て伏せ，腹筋を鍛えるなら腹筋運動，が一番効果的です。

とはいえ，日本に住んでいるとそう頻繁に英語で話す機会はないですね。だからこそ，Rakugo会や小さな発表会でもあれば，英語を使う機会になります。そういう機会があれば，練習の際に声に出します。インプットとアウトプットを繰り返すことによって，その英語が血となり肉となるのだと思います。外国語に限らずすべての知識がそうです。おもしろいこと聞いたな，ためになること学んだな，と思ったとき，誰かに話せばその知識は完全に取り入れられて自分のものとなります。

この，覚えたものを話す，ということが外国語や知識の定着につながります。いくつかの研究が示しているように，ユーモラスな素材を使って，笑いとともに覚えた外国語や知識，話の内容は，長期にわたってよく覚えているものです。各国の大統領がよくスピーチの中でジョーク使うのは，好感度を上げるとともに，自分の話が人々の記憶に残りやすくなるからです。

そして，おもしろい話は，強制されなくても自然に人に話したくなってしまうので，自然にインプット・アウトプットのサイクルができるため，さらに記憶されやすくなります。また，英語落語の場合は登場人物の感情とセリフを一緒に覚えているので，実生活で英語を使う際にも同じ感情になったら，それに合った英語を思い出しやすいと考えられます。たとえば，「粗忽長屋」で，八っつあんがあわてて駆け出しながら"I'll be right back!"と熊さんの家に向かう場面があります。これをきちんと八っつあんの気持ちになって演じる練習をしていたら，現実社会でも「すぐに戻るから！」と言いたいときに，パッと英語のセリフが頭に浮かぶのです。

たくさんの英語落語を覚えた落語家さんたちが，まさにそうです。高座以外でコミュニケーションをとるときも，覚えたセリフを頭の中で切ったりくっつけたり単語を入れ替えたりして，見事な英語を使いこなすようになっています。彼らの英語力の向上が，「英語落語を英語教育に活かそう！」と思ったきっかけでもあります。より多くの人に是非試してもらいたいと思います。

それでは，実際に英語落語を演じるときのいくつかのポイントを押さえておきましょう。

解説編　2. 英語落語をやってみよう

❷ 英語落語を演じるときのポイント

　落語は複数の登場人物を座ったまま演じるので，観客にわかりやすいようにする工夫がいろいろとあります。ここでは基本的なポイントをご紹介します。

◆── **登場人物の演じ分け**

　登場人物を演じ分ける上で重要なことは，まずその登場人物の年齢，職業，性別，性格などをしっかり把握して，その人になりきることです。どのようなキャラクターに仕立てるかは自由ですので，想像力を使って決めていきましょう。たとえば，本書のスクリプトやDVDでは男性であっても，女性にしたほうがやりやすいとか，おもしろそうであれば，そのように変えてもかまいません。主人公は自分のような性格の人，こっちは友達のような性格の人，などいろいろ考えて決めてください。それによって，1つ1つのセリフも，「これを言うときってどんな気持ちだろう，どんな感情なのだろう」と考えて，それに合った話し方やしぐさをつけるようにします。

　技術的なことは二の次ですが，基本的な動作としては，「上下を振る」という決まりがあります。座布団に座って正面を向いた状態から，左右に30～40度の幅で顔を振って登場人物を演じ分ける方法です。観客席から見ると，舞台の右側が上手で，左側が下手ですが，たとえば熊さんが下手を向いてしゃべれば，八さんは上手を向いてしゃべることになります。ただし，やみくもに顔を振ればよいというわけではありません。その際，目線（視線）も落語の世界を作り上げるのにとても重要です。

　今演じている人物は，何を見ているのか，それはどこにあるのか，それを確認して目線を決めます。遠くにいる人に話しかけるときは，少し伸び上がって客席の後ろの方へ目線を投げます。目の前にいる人と話すときは，相手が目上の人であったり，自分が座っていて相手が立っていたり，子どもが大人に話しかけたりするのであれば，目線は上を向くはずです。逆に，目下の人や子ども，犬に話しかけるのであれば，目線を下にします。手の上でお金を数えているのであれば，手の上のお金を見ているのが普通ですし，箸で何かを食べているのであれば，箸の先でつまんでいる物を見ているのが普通です。目線の先に何があるのか，よく考えてみてください。

　声の出し方も，目線と連動して考えます。遠くの人に声をかけるのであれば大きな声，目の前の人とひそひそ話をするのであれば小さな声です。ちょっとまぬけな人を演じるのであれば通常よりも高い声，権力のある人を演じるのであれば低めの声，な

ど声の出し方は演じ分けにも重要です。また，話すスピードを変えることも有効です。ゆっくりしゃべる人，早口の人，など登場人物の話し方を決めると演じ分けやすくなります。登場人物のキャラクターに合わせて，目線，声の出し方，話し方，動作を決めて，オリジナルの英語落語に仕上げると楽しいです。

　たとえば，「つぼ算」に出てくる店主のキャラクター作りをしてみましょう。最後にだまされてしまうので，おそらく賢いタイプではありません。しゃべり方をゆっくりにしたり，声を高めにしたり，落ち着きのない雰囲気を出すためにしょっちゅう頭をかくクセがあることにしたり，やたらと動作が大きい人にしたり，実際にやってみながら人物の性格などを決めていきます。

◆──**しぐさや表情のポイント**

　目線や声だけではなく，しぐさや表情の工夫も必要です。落語では，たとえば演者が女性の登場人物を演じるときに，片手で着物の首元の合わせをちょっと引っ張るしぐさをすると，観客はおかみさんがしゃべっているんだな，などがわかることになっています。しかし，これが女性を意味するとは知らない海外の観客にとって，このしぐさは意味がありません。だからといって，このしぐさをやめる必要はありませんが，これだけで女性を表すのは難しいので，たとえばこのしぐさと同時に髪の毛にちょっと手をやる，手の動きにしなやかさを作る，手を頬にあてる，など少々わかりやすいしぐさがあると親切です。そういう意味では，英語落語は日本語の落語よりもしぐさが大きめで，多文化の人にわかりやすい動きになっています。

　顔の表情についても，微妙で繊細な表情は，読み取ってもらえないこともあります。たとえば，本当は相手を疑っていて怒っているけれど，表面上はニコニコしている，というような場面があったとします。浮気をしているらしいだんなに対して，その証拠をつきとめようと計画しているので，疑っていることを隠しながら「だんなさま，いってらっしゃいませ。お気をつけて」と笑顔で送り出す奥様の表情は，ただの笑顔では通じない部分がたくさんあります。たとえば，「日本はだんなが浮気していても奥さんはまったく怒らないような文化なのだな，さすがヤマトナデシコ，すばらしい笑顔だ！」と誤解されるかもしれません。もしくは，「なぜこんなときにヘラヘラ笑っているのかしら，まったくわからないわ！」と思われるかもしれません。日本ではそれほどあからさまにつくる必要のない表情かもしれませんが，海外公演ではよりわかりやすく，腹立たしい感情が抑えきれない怖い笑顔を作ります。英語落語の表情は，より

大げさでわかりやすいベタなものになるということです。

　これは理屈で考えても当然そうなるものだと思います。多文化，多民族社会で生活している人たちは，言葉だけでは伝えきれないことをより大きなジェスチャーで伝えようとします。アメリカ人やオーストラリア人のしぐさや顔の表情，感情表現は少々大げさとも思えるほど大きなものです。そういった非言語コミュニケーションは，なるべく誤解が生じないよう，わかりやすく相手に伝えるために，文化の異なる人同士の間ではとても重要です。英語落語も，日本文化という，外国の人にとっては異文化を伝えようとしているのですから，多少しぐさがあからさまにわかりやすいものになったとしても仕方がないかな，と思います。粋じゃないね，と言われそうですが，まずは伝えることが優先です。伝わったら，次のステップとして粋とは何かを伝えたいと思います。

◆── 小道具（扇子，手ぬぐい）の使い方

　英語落語に使う小道具は，基本的に2つだけです。「高座扇」と呼ばれる落語用の扇子，そして手ぬぐいです。

　扇子も手ぬぐいも，噺に登場する物に見立てて使います。扇子なら箸，刀，キセル，筆，とっくり，大杯，釣りざお…，閉じて使ったり，少しだけ開いて使ったり，大きく開いて使ったりすることによって，さまざまなものに見立てることができます。また，扇子は場面の切り返しでも使います。扇子を閉じて，扇子の手元の方で床をトン，と軽く打つと，場面が変わったことがわかります。そうした方が気分が変わって演じやすい，次のセリフを言うタイミングがとりやすい，という人は是非やってみてください。

筆と帳簿

　手ぬぐいは噺の中で，財布，お皿，お金，手紙，帳簿や本，などに見立てられます。真ん中から開いて使うことも多いですから，たたまれた状態から，横に開くとちょうど左右が均等になるようなたたみ方にしておくと使いやすいです。

財布

　この他に，上方落語では噺によって見台（小さな机のようなもの）と膝隠しと呼ばれる衝立が使われることがあります。見台を拍子木と呼ばれる小さな四角い木で叩きながら噺を進めます。

❸ 英語落語で気をつけていること

◆── 落語を英語にするとき

　落語を英語にする作業というのは，翻訳というよりは創作活動に近いと思います。直訳したのではほとんど通じない，ということがとても多いのです。

　まず，何といってもシャレは訳せません。それに，ことわざなどのかけ言葉，言葉遊びのようなものもたくさん使われていますが，これらも英語にはできません。

　シャレは本当にたくさん使われていて，日本語は同音異義語が多い，ということに改めて気づかされます。「時そば」では男がそば屋に「景気はどうだい？　よくない？　まあがんばれ。商いっていうくらいだから飽きないでやることだ」と，ちょっといいことを言ったりします。こういうのがやっかいです。シャレの翻訳は無理なので，飛ばすということも1つの手ですが，全て飛ばしてしまうと，笑いどころが少なくなってしまうケースもあります。このシャレの場合は，"How is your business? Slow? Well, it happens. You will get busy sometime. That's why it's called busy-ness."（商売はどうだい？　よくない（売れ行きがゆっくり）？　まあ，そんなこともあるさ。きっとそのうち忙しくなるよ。だから商売は忙しいbusy-nessっていうんだ）と変えました。このように，たくさんの英語のシャレを盛り込む工夫をしていますが，これもバランスが重要で，必要以上のことをすると，英語圏の特定の文化がわからないと理解できないことになってしまうので，あくまで，シンプルな英語としての言葉遊びが活きるところで工夫するようにしています。

　バランスが重要といえば，英語そのものだけではなく，コンセプトのバランスも大事です。たとえば，「まんじゅうこわい」では，いかにまんじゅうと熱いお茶の組み合わせがよいか，というところを理解していると，オチがより効いてきます。ここをわかりやすくするために，行く先々で最もよく知られている食べ物と飲み物のベスト・コンビネーションを調べて入れ替えることも考えました。たとえば，アメリカならピザとコーラ，ドイツならソーセージとビール，シンガポールならチキンライスとすいかジュース…。しかし，そうしてしまうと，もう日本の噺でも何でもなくなってしまう感じがします。やはり，まんじゅうを知らない人にまんじゅうのおいしさを伝え，オチにたどり着くころには，観客もお茶を飲みたい気分になっているようにするのが英語落語の役目だと思い，まんじゅうをものすごく詳細に説明するようにしています。「ほっかほかの柔らかくてほのかに甘い蒸しパンに，しっとりあまーく煮込んだペー

スト状の小豆がぎっしりつまったあのまんじゅうがこわいのかいっ!?」とすると、海外でも観客のほとんどが、「噺に出てきたまんじゅうとやらを是非日本に行って食べてみたい!」と言ってくれます。聞きやすい噺にするか、日本らしさを重視するか、両方上手くいくこともありますし、上手くいかない場合もあります。1つ1つの噺をよく考えながら、どう訳してどう演じるのがいいか、常に試行錯誤しています。

　そうして一応スクリプトはでき上がるのですが、それで終わりではありません。実は、いろいろな国や地域、国内外含めて何度も繰り返し演じているうちに、どんどんスクリプトは変わっていきます。たまたま入れたアドリブがとても良くて次回から足すこともあれば、上手く理解されなかったり、ウケるはずなのにウケなかったりしたセリフは、削除したり言い回しを変えたりもします。演じている限り、この作業はずっと続きます。演じるたびに少しずつ変わっていくスクリプトは、いつまでも完成することはありません。つまり、完全な英語落語のスクリプトなど存在せず、演者一人ひとりが作っていくものだと思いますので、皆さんも私のスクリプトを基に、どんどん作り変えていって下さい。

◆── 自分らしく演じることを大切に

　海外で演じるときには、やはり自分らしさを失わないことに気をつけています。たとえば、英語そのものについてもいろいろ考えながら演じています。自分らしい英語や、自分のアイデンティティを大切にしたいと思っています。

　日本語にも関西弁や東北弁があるように、英語にもたくさんの種類があります。ネイティブ英語ならイギリス英語、アメリカ英語、オーストラリア英語など、またネイティブ以外ならシンガポール英語、フィリピン英語など、それぞれ発音や使う単語が異なります。だからこそ、英語で話すと相手がどこの国の出身かがわかったりして楽しいわけです。関西弁を話す人に会うと、「あれ、関西出身?」「おお、わかるかあー?」といった会話で盛り上がります。英語でも同じで、「あれ、その発音、インド出身?」「そうそう、わかるー?」という会話が楽しめます。世界の英語を話す人たちは、自分のアイデンティティが英語に表れることを誇りに思っています。ですから、日本人であれば日本人らしい英語を話すと喜ばれます。

　私自身は、高校の一部と大学時代をアメリカで過ごしたので、私の英語はアメリカ英語、しかもコロラド州のアクセントが強いものとなっています。さまざまな国や地域で英語落語の公演を行っているので、行く先によっては「なぜあなたは日本人なの

にアメリカ人のような英語を話すのですか？」と言われることもあります。そう言われることをみっともないとか，恥ずかしいとか，いろいろ悩んだ時期もあります。一緒に公演に同行している落語家さんたちの，見事なカタカナ英語が大ウケしているのをうらやましく思ったこともあります。自分が何者なのか，どういう英語を話せばいいのか，わからなくなったこともあります。もしかしたら，帰国子女の生徒さんやご両親の出身地が別々の国の人たち，世界のさまざまな国や地域で生まれ育った人たちも同じように感じたことがあるかもしれません。今となっては，はっきりと言い切れます。そういう過去の経験も全てひっくるめて「自分らしさである」ということです。

　私の場合は「東京出身だが，コロラドで高校・大学時代を過ごしたのでコロラドなまりが強く，なおかつ日本人なまりもある英語を話す日本人」というのが英語に表れるアイデンティティです。関西出身の人で，自分の話す英語を「Osakan English」と呼ぶ人もいます。千葉で生まれてロンドンで育った知人は，お父さんがアイルランド人でお母さんが日本人なので，「ロンドンっ子のような英語を話すが，お父さんのアイルランド英語とお母さんの日本語英語の影響を受けているので，よく聞くとどこの出身の人かよくわからない英語を話す人」なのだそうです。それが自分なのだ，と。お父さんがペルー出身でお母さんがイタリア出身で日本生まれの知人は「スペイン語とイタリア語と日本語の発音や雰囲気や表現方法が混ざった英語を話す人」で，そんな自分を大いに楽しんでいます。つまり，無理して誰かの英語をマネする必要はないということです。英語が世界中で使われている，とはそういうことです。それぞれ自由でいいのです。世界はそれを十分に認めています。

　ですから，是非自分らしく英語落語を演じてほしいと思います。この本に収められているスクリプトやDVDも，私の英語で「私ならこうやる」というものなので，自由に変えていただいていいのです。スクリプトを自分が発音しやすい単語に替えたり，言い回しを替えたり，もっとおもしろいセリフに替えたり！　しぐさももっと大げさにしたり，キャラクターの性格や設定を変えたり，表情や動きを別のものにしたり…どんどん自分らしい英語落語を作り上げるように工夫してください。それをしないと，全ての人が同じ英語落語を演じてしまうことになり，観ている方も退屈です。まず自分が楽しむこと，そして観客を楽しませること，これが大事だと思います。それには，モデル通りに正しく間違いなくやる，ということではつまらないのです。同じ噺なのに他の人のものとは全然雰囲気が違う，おもしろいオリジナルをやる，というつもりで取り組んでもらえたらと思います。

❹ 英語落語の指導のヒント

　私が普段，英語落語の授業で行っている指導方法をいくつかご紹介します。これは落語でも小噺でも同じ指導法です。

授業内での指導例
(1) 単語の提示・確認
(2) 質問事項の提示
(3) 落語の映像を見る
(4) 単語の意味・噺の内容の確認と解説
(5) グループごとに分かれて演じ方を話し合う
(6) グループまたは個人で発表

---

(1) 単語の提示・確認

　まず，重要と思われるキーワードを噺の中からいくつか抽出し，それらの意味を一緒に示して，理解しておくように生徒に指導しておきます。もしくは，同じようにキーワードや難易度の高い単語を噺から抽出しておき，その英単語だけを生徒に渡しておきます。その際，辞書を使って意味を調べることは禁止します。たまたま意味を知っている場合もあるかもしれませんが，わからなくてもその後に映像を見て，噺の前後関係や脈絡から意味を想像する練習をさせます。

　これに関しては，別のフラッシュカード・ゲームのようなものでも練習できます。カードに難易度が低いものから高いものまで，さまざまな英単語を書いたものを数十枚用意し，いくつかの山に分けます。同じ人数ずつ2〜4つのグループに分けて対戦させます。ルールは簡単です。各グループから1人ずつ出て，それぞれのカードの山から1枚引きます。そこに書かれている単語を，日本語もその英単語も使わずに，英語で表現します。同じグループのメンバーは，カードに書かれている単語が何かを当てるのです。たとえばカードに「banana」と書かれていたら，「Yellow, long, fruit, inside is white, many come from Philippines…」などなど，思いつくことをどんどん言います。黙っていたら，まったく何もメンバーに伝わりません。当たったら，次の人が出てきてカードを引く，という繰り返しです。一番早くメンバー全員が終わったグループが勝ち，もしくは，特定の時間を設けてその時間内にもっとも多くの数のカードを

当てたグループの勝ちです。
　（実は同様のゲームを，国内外の外国人対象に英語落語のしぐさの指導をするときにも使います。落語によく出てくる特徴的なしぐさやジェスチャー，小道具を使う動作，特定の場面(酒を注いでもらって飲んでみたらまずかった，など)や感情表現などをカードに書いておきます。これをやはり数十枚用意して，いくつかの山に分けておきます。やり方は一緒で，カードを引いてそこに書かれていたものを，話さずに動作や表情だけで表現し，同じグループのメンバーが当てます。カードを引いたら素早く座布団に正座をし，演じ始めなければなりません。使える小道具はもちろん扇子と手ぬぐいだけですが，どう使ってもよいというルールです。もちろん早く答えて終わったグループの勝ちです。このゲーム，大変に盛り上がります！　しぐさや表情作りの練習にはいいと思いますので，是非やってみてください。）

(2) 質問事項の提示／(3) 落語の映像を見る
　映像を見る前に，内容理解のための質問事項も用意します。質問事項を生徒が理解して念頭においてから，映像を見ます。
　実践とスピーキングの方を重視するのであれば，映像を見る前にスクリプトを十分に学習します。映像を見てしまうと，あのようにやるべきなのかな，とつい思いこんでしまいます。生徒の自由な発想を重視するのであれば，セリフを理解して覚えて，自分ならどのようなキャラクターでどのような性格で，どのようなしぐさをつけて演じる，ということをグループなどで話し合って決めるようにします。その後で映像を見て，それぞれが取り入れようと思われる部分だけを取り入れればよいと思います。映像はしぐさや表情，声などの感情表現のヒントにする程度，と考えてもらっていいのではないでしょうか。

(4) 単語の意味・噺の内容の確認と解説
　映像を見終わった段階で，どのくらい内容理解できたか，チェックします。ここで，わからなかった箇所などの日本語訳や解説をします。単語の意味を答えさせるときも，日本語で意味を答えるのではなく簡単な英語をつないで英語で答えさせるようにします。そうすることによって，実際の会話でも言いたい言葉が英語でわからなかったり，出てこなかったときに，別の言葉で言い換えるという習慣が身につきます。

解説編 2. 英語落語をやってみよう

（5）グループごとに分かれて演じ方を話し合う／（6）グループまたは個人で発表

　クラスなどで演じる場合，最初は，2人や3人組で役割分担をして，コントのような形式でやってみてもおもしろいと思います。目線，表情，声の大きさと高さ，どのようなしぐさをつけるか，周りと相談しながら決めましょう。付録のDVD映像と同じようにする必要はありません。感情の持ち方は人それぞれですし，表現の仕方もそれぞれです。

　そのような形式だと，個人個人の負担は減るし，怖くないと思うかもしれません。でも実は，1人でやったほうがラクなのです。セリフを言うタイミングなどを全部1人で決められるからです。また，言い間違えたり失敗したりしたときも，自分1人なら上手くごまかしたり取り繕うことはできますが，相手がいる場合はそう上手くいきません。誰かが間違えたり，次のセリフをうっかり忘れていたら，次の人がセリフを言うことができなくなったり，誰も何も言わずにじっと待つという気まずい時間が流れたりします。数名で1つの噺をするときは，キャラクターごとの役割分担でもいいですが，ブロックで分けてやってもいいですね。たとえば「時そば」などでしたら，前半を1人がやって，後半を別の人がやる，などリレー形式でもよいかと思います。最終的には1人で演じられるといいですね。

　英語落語に先だって，まずは短い英語の小噺で練習してみましょう。短いので，英語を覚えることに労力を使わず，演じるということに集中できます。人前でしゃべる良い練習にもなります。

　たとえば「大工？」という小噺では，棚を作った大工はどのような人で，どのような気持ちでしゃべっていることにしますか？　私は，大工としての腕は悪いくせに自信満々の人，という設定でやってみました。だから最初のセリフは陽気に明るく，「あの棚，どう？　いいでしょ？」という感じで話しかけています。話しかけられた方は，相手が下手な大工だと知っている，という設定にしました。だからさほど怒りもせず「ああ，ありゃダメだね」くらいの反応です。大工は自信があるだけにちょっと怒って大げさに驚き，「ええ!?　何で!?　まさか…何か載せたっ？」と言うのです。この最後のセリフは怒ったように早口でもいいですし，驚きすぎてゆっくりな話し方になってしまっている，ということでもいいです。私の場合は，後者の設定で演じています。

　それぞれの性格は自由に設定して構わないのです。自信のない大工が，自信なさげに「あの棚どうだった？」と言ってもいいですし，下手な大工だと知らなかった相手が本当に不思議そうに「あれ，ダメだね。なぜか壊れたよ？」と答えてもいいです。最後

の大工のセリフも「しまったー」という感じで両手で顔を覆う，頭を抱える，などのしぐさとともに情けない声で言う，というのもおもしろいかもしれませんね。是非，いろいろ試しながら，自分に合ったやりやすいキャラクターを生みだしてください。

❺ Rakugo 会をやってみよう

　せっかく英語落語を練習するなら，やはり発表の場が欲しいものです。英語や英会話そのものがそうですが，使う場面がないと勉強してもすぐに忘れてしまいますし，モチベーションも上がりません。やりたい人，上手な人の中でオーディションを行って発表会を構成してもいいですし，コンテスト形式にしてもおもしろいと思います。英語小噺部門，英語落語部門，英語コント部門などに分けて，それぞれ得意な部門に出場する，というやり方もバリエーションが楽しめます。

　Rakugo会は，本格的にやろうと思えば，いくらでも準備するものはありますし，簡単にやろうと思えば，かなりお手軽に開くこともできます。英語落語の海外公演がどこでもできるのは，落語のこのお手軽さの賜物だと思います。基本的には座布団1枚で，Rakugoワールドが作れます。英語落語を覚えたら，早速Rakugo会の準備を始めましょう！

◆── 用意するもの

　Rakugo会を開催するにあたって，必要なものはそれほど多くありません。最低限必要なものは，身の回りのもので補えます。まずは何と言っても座布団，扇子，手ぬぐいです。

座布団：落語では，通常の座布団よりも大判で厚みのある座布団を使います。座布団の上で演じるので，普通に正座するよりは動きますし，ある程度の時間座っていることになります。通常の座布団でも構わないのですが，大きめのものの方がラクですし雰囲気も出るかと思います。色はできるだけ無地の紫や青がいいでしょう。落語は想像力を要する芸なので，派手な柄の座布団だとそれが邪魔になってしまいます。

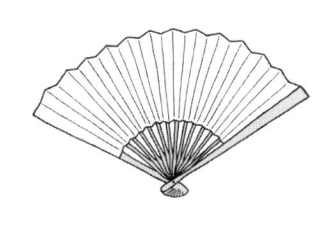

解説編　2. 英語落語をやってみよう

扇子：これも，本来であれば落語用の高座扇（22.5センチ）というものがあります（その辺には売っていないので，専門店で注文して買います）。普通の扇子を使う場合は，できるだけ細身で色が地味なものを選ぶといいでしょう。自分が使いやすいもの，手になじむものがいいと思います。ちなみに，高座扇は骨子が13～14本と少なく，開いたり閉じたりする動作が簡単にパッとできるようになっています。シンプルな作りで色も白のみです。これもやはり，観客が想像力を使うのを邪魔しないように作られているようです。関西の上方落語で使われるものと関東の江戸落語で使われるもので多少違いがあります。関西の扇子のほうが，幅があって大きめの作りになっていますが，実際のところ，現在のプロの落語家さんたちは，好みで使いやすい方を選んでいるようです。

上方落語の高座扇（左）と江戸落語の高座扇

手ぬぐい：手ぬぐいは，お祭りのときに使うものでもキッチンで活躍しているものでも，何でも構いません。さまざまな絵柄のものが売られていますから，好きな色や柄のものを選んで使うと楽しいですね。多くの落語家は，オリジナルの柄を刷った手ぬぐいに名前を入れて使っています。部活や同好会として落語をやっているグループなどでも，自分たちの学校名やグループ名を入れた手ぬぐいをオリジナルで作って使っているようです。

大きさは，おおよそ，縦17～20センチ，横12～13センチほどに折りたたんで使います。もともとの手ぬぐいのサイズは多少違いますから，自分の使いやすい大きさに工夫してたたんでください。

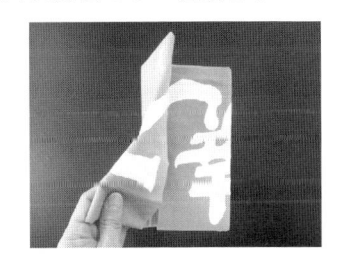

手ぬぐいは横に開くと左右均等になるようにたたむ

以上の3つがそろえば，とりあえず英語落語を演じることができます。より雰囲気のある発表会にするのであれば，さらに以下のものを用意すれば，ぐっとRakugo会

43

らしくなってきます。

着物(浴衣)：通常は無地の地味な着物を衣装としていますが，女性は派手な柄の着物を着ることもあります。また，必ずしも着物である必要もないでしょう。英語落語の海外公演では暑い場所で公演することもあるので，しばしば浴衣で演じることもあります。落語をやっていると暑くなりますし，浴衣でもいいと思います。ただ，できれば足袋は履いたほうがいいですね。裸足で人前に出るというのはどうもしっくりきません。最近は，指先が足袋のように2つに分かれた靴下もあります。演じている間は見えないものなので，自分の浴衣に合わせて好きな足袋型靴下を選んではいかがでしょうか。

高座：落語は座布団の上に正座をして演じるので，観客が椅子に座っている場合は演者のほうが低くなってしまいます。後ろのほうに座っている人も含め，すべての人に見えるように高座は高くなっています。やはり高座に上がって演じるとRakugo会らしくなります。高さの目安は，一番前の観客が座った状態で目の高さが座布団の高さ，だいたい1～1.3メートルぐらいになるとちょうどいいです。高座に上がるための踏み台もお忘れなく。1メートル以上の高座に着物を着て跳びあがるのは困難です。そして高座と最前列の距離は1.5～2メートルくらいあるといいと思います。

　机やテーブルをいくつかつなげて高座を作ることもよくあります。学校の教室など，比較的少人数での発表会で使えます。安定した机をいくつか使って，ガムテープなどでしっかり脚と脚をしばりつけます。高座に机を使い，観客が椅子に座る場合は，座る位置が観客の目線より低くなりますので，最前列と高座の距離はもっと近くて構わないでしょう。体育館や講堂など，もともとステージが高い位置に用意されている会場であれば，高座は作る必要もないかもしれませんし，作ってもずっと低いもので済むこともあります。

　また，高座は高さだけでなく広さも重要です。あまりにも小さい高座だと，演じている途中で転げ落ちてしまいます。海外公演でよくあるパターンですが…。座布団と同じ広さだけあればいい，と考えられがちですが，座布団からまったくはみ出さずに落語を演じることはできないので，それではとても足りません。また，扇子や手ぬぐいも使っていないときは高座に置いておくので，そのスペースも必要です。最低限，畳半畳分，理想としては，1～2畳分の広さだと余裕があっていいですね。

解説編　2. 英語落語をやってみよう

毛氈(赤い布)：高座を作るのであれば，やはり毛氈はあったほうがいいでしょう。とはいえ，毛氈を常備しているところはあまりないので，大きな赤い布で構いません。高座をしっかり包むことができれば十分です。特に，机をいくつかつなげて高座を作る場合は，机の脚が見えると雰囲気が出ないので，せめて観客から見える高座の前面・横・上面はきれいに布で覆っておくといいと思います。赤い布がなければ，白いテーブルクロスや青いカーテンなどで代用することもできます。ただし，布は無地がいいでしょう。

お囃子(CD)：通常，演者が高座に登場する際にはお囃子が鳴り響きます。これはもちろんCDのお囃子で十分です。プロの落語家さんたちもCDを使って出張落語会を行っています。お囃子がなくてもRakugo会はできますが，やはり音楽が鳴りだすと観客は「落語を聴こう」という心の準備ができます。そしてお囃子にのって演者が登場し，高座でおじぎをすると拍手が起こる…という流れができるのです。お囃子のCDは，さまざまな曲が入ったものが市販されています。プロの落語家さんは，自分が登場するときに必ず使う自分の出囃子，というものを決めています。Rakugo会で市販のお囃子CDを使う場合には，前座さん用の出囃子でもいいですし，いっそのことお囃子ではなくて，自分の好きな洋楽を自分の出囃子として使ってもいいのではないでしょうか。そのあたりは是非クリエイティブに。

屛風/垂れ幕(壁紙)：高座の後ろに金屛風があると，これはもう本物の落語会です。ここまで揃えられればベストですが，屛風がない場合は衝立障子でも，垂れ幕でもカーテンでも，無地の壁紙でも構いません。これがあると，落語の世界に入りやすくなります。演者の後ろが本棚だったり，窓だったり，黒板だったりと，何かとゴッチャリしていると，観客の気が散って想像力を使いにくくなります。日常と切り離した雰囲気作りができれば，と思います。

めくり(名びら)：落語会などで見かけると思いますが，演者の名前を書いた紙が高座の横に置かれていますね。あれを「めくり」もしくは「名びら」と呼びます。これを用意するのは少々難ですが，もし書道をたしなむ方がいらっしゃれば用意できるかもしれません。実際の寄席では，「寄席文字」と呼ばれる太い字で，演者の名前を縦書きにし

ます。寄席文字が太いのは、客席が隅々まで空きがなく埋まるようにという願いを込めて、白い空きスペースがなるべくないように書かれているからです。

　Rakugo会ですから、演者の名前を横にローマ字で書いてもいいですね。海外公演では、縦書きの日本語と横のローマ字書きを1枚のめくりにぎゅっとつめて書いています。演者の名前も、本名である必要もないかもしれません。自分たちなりの高座名を考えてつけても楽しいです。

　めくりを作成したら、それを演じる演者の順番に並べます。そしてめくり台（名びら台）につけてぶら下げるのですが、この台は客席からあまり見えないものなので、何でも構いません。学校などであれば、案内などを出す立て看板のようなものがあるのではないでしょうか。もしくは、背もたれが高い椅子の背や、高いライトスタンド、マイクスタンドなどにつけてぶら下げるのでもいいと思います。

　このめくりまで用意できれば、Rakugo会の準備は万全といえます。

海外公演のめくりの例

◆── ステージの配置

　用意するものが全てそろったら、今度は舞台の配置を考えます。

①まずは高座を部屋の前方に設置します。部屋の形が長方形である場合は、部屋を縦長に使うようにするといいでしょう。高座は壁から少し離し、後ろには垂れ幕、もしくはそれに類したものを貼ります。
②座布団には前と後ろがありますので、気をつけたいところです。あまり知られていないようですが、座布団は四辺あるうちの三辺にしか縫い目がありません（1枚の長い布を半分に折って作っているのですね）。縫い目のない一辺が前ですから、そちらを正面（客席に向くように）に向けて置きます。たまに端切れで作ったような、四辺とも縫い目がある座布団がありますが、その場合はどっち向きでも構わないのではないでしょうか。
③広い会場が用意されている場合は、マイクが必要になるかもしれません。演者の邪魔にならないように、短いマイクスタンドにマイクをさして座布団の前に置きます。短いマイクスタンドがない場合は、長いマイクスタンドにマイクをさして高座の下

解説編　2. 英語落語をやってみよう

からぐっと伸ばして，演者の胸より下辺りにマイクがくるように配置します。マイクが顔に近すぎると，演者の顔が見えなくなってしまいます。

④客席は座布団を並べて床に座ってもらう場合と，椅子を並べて椅子に座ってもらう場合とがあると思いますが，いずれにしても高座と最前列の距離が1.5〜2メートルくらいあるといいと思います。席の左右はなるべくぴったりとくっつけて無駄なスペースを空けないほうが，笑いが伝染して観客がよく笑ってくれます。

⑤めくりを置く位置はよく考えなければなりません。せっかく演者の名前が書いてあるからといって，演者のすぐ隣に置いてしまうと，一部の客席からはまったく演者が見えないということになってしまいます。高座の上である必要はありません。高座からぐっと離して，演者よりめくりが前に出ることがないように配置します。そして最終的には，客席のさまざまな位置に座っていろいろな角度から見て，演者もめくりもきちんと見えるようであればOKです。

照明は特別なものを用意する必要はありません。海外では，よく客席を真っ暗にして演者の顔に強烈なスポットライトを当てるような舞台を用意してくれることがありますが，これは落語向きではありません。本来落語は，観客の表情や反応を見ながら噺を選んだり，アドリブでセリフを加えたりするものなので，まぶしすぎて観客が全

47

く見えないようではいけないわけです。もちろん，生徒が演じるRakugo会では観客の反応によって内容を変えるほど演者もベテランではないと思いますが，観客が笑っている表情は見えた方が安心できます。舞台用の会場などであれば，客席のほうを少しだけ暗めにしてもいいかもしれませんが，演者がまぶしくないように，そして観客の顔が見えるようにするとよいでしょう。

◆── Rakugo会の流れ

開場から開演まで

　市販されている落語のお囃子CDを見ると，「一番太鼓」「二番太鼓」という曲が入っています。「一番太鼓」は「どん，どん，どんと来い」と聞こえるような大太鼓で，たくさんの観客を招き入れる意味合いを込めて，寄席や落語会が始まる前に演奏されるものです。寄席などでは，開場の頃に演奏されますが，落語会などでは使われないケースも多いので，Rakugo会でも無理に使わなくてもいいでしょう。「二番太鼓」は開演の合図として大太鼓やしめ太鼓，笛などで演奏されます。これが打ち鳴らされると，観客がそろそろ始まるな，と心の準備をして席につきます。

演者の入場から退場まで

　さて，観客が席についたら，いよいよRakugo会のスタートです。演者は観客から見えない舞台袖で待機します。この時点では，演者は衣裳を身につけ，扇子と手ぬぐいを手元に用意しておきましょう。責任者，主催者などの挨拶が必要であれば，「二番太鼓」が終わったこのタイミングがいいでしょう。

　挨拶などの短いスピーチが終わったところで（挨拶などがない場合は，「二番太鼓」が終わって少し間をおいたらすぐに）最初の演者の出囃子をスタートさせます。出囃子が鳴ってもすぐに出て行かなくてもかまいません。少し観客に出囃子を聞かせるつもりで，しばらくしてからゆっくりと落ち着いて高座に向かいます。高座の座布団の上に座ったら，両手を揃えてお辞儀をします。このタイミングで，出囃子はフェイドアウトするように止めます。

　ここからは自分の力を出し切って，思い切り楽しんで英語落語を演じます。自分のRakugoを演じ切り，オチのセリフが終わったら，また両手を揃えてお辞儀をします。オチのセリフを言い終わったタイミングで，次の演者の出囃子がスタートします。演者はお辞儀をしたらすみやかに立ち上がり，高座を降りて舞台袖へ。

演者と演者の間

　演者が舞台袖に消えたら次に登場するのが、「お茶子」と呼ばれる役割の人です。お茶子は、落語の演者と演者の間に出てきて座布団をひっくり返し、めくりをめくっていく人です。お茶子も着物を着て登場することがほとんどです。座布団をひっくり返すといっても、ただバタバタとひっくり返すのではなく、ホコリがたったり、それが客席に舞って観客の気分を害したりすることがないように、ササっと座布団を横にひっくり返します。座布団の前側がきちんと正面を向いていることを確認し、次の演者が気持ちよく座れるように座布団をきれいにまっすぐきちんと置きます。それが終わったら高座から降り、めくりをめくります。次の演者の名前がきちんと出ていることを確認して舞台袖へ退場します。役割としては黒子のような役目です。ささっと仕事を務めます。

　そもそも「お茶子」は「お茶くみをする人」という意味だったようで、昔の寄席の楽屋でお茶を出したり、楽屋に来た観客や電話の対応をしたりしていたそうです。特に関西方面の落語会で発展したようで、関東では最初に落語を演じる前座(弟子修業中の若手落語家)が、その後座布団をひっくり返してめくりをめくるという仕事を務めることの方が一般的です。でも、Rakugo会ではこの仕事はお茶子にまかせて、Rakugoを演じる人はそれだけに集中したほうがいいかもしれません。また、お茶子は女性がやることが多いようですが、男性がお茶子をやっても構わないと思います。

　さて、その間も出囃子は流れ続けています。お茶子が退場したら、次の演者が高座に上がります。最初の演者と同様、座布団に正座したらお辞儀をし、そのタイミングで出囃子はフェイドアウトします。2人目の演者がRakugoを演じ終わってオチのタイミングで次の出囃子スタート、演者退場、お茶子登場…と繰り返されます。

終わり方

　最後の演者が演じ終わったら、次の出囃子というのはありませんから「追い出し」という終了の曲をかけます。追い出しは終演の意味を持ちます。太鼓の音で「出てけ、出てけ、てんでんバラバラ、てんでんバラバラ…」と聞こえるように演奏されます。最後の演者は少し長めにお辞儀をして、それから退場します。もしくは、幕があればお辞儀をしたまま幕を閉めてもきれいに終わります。「追い出し」の曲は演者が退場、もしくは幕が閉まったらフェイドアウトさせます。

終演後～海外公演の場合～

　海外のRakugo公演では、最後に全ての演者が顔を出す、ということが求められます。

ですから，最後の演者が退場したのちに，拍手がいつまでも続くようでしたら，最初の演者もしくは司会者が出てきて，1人ずつ名前を呼んで舞台に呼びこみます。名前を呼ばれた演者が順番に出てきて，全員が舞台に揃ったところでお礼を述べて，お辞儀をします。最後はにぎやかにみんなで手を振って終演となります。

　舞台づくりから公演まで，仲間たちで協力しあってやり遂げるという作業は，とても楽しくもあり難しくもあり，充実した時間が過ごせるものです。アメリカの中学校や高校では，こういった生徒たちによる演劇やミュージカルの舞台が毎年開催され，家族や親戚，地域の方々まで観に来るほどの盛り上がりとなります。これが成功して観客に喜ばれたときの充足感や達成感は何ものにも代えがたい経験となります。

　さあ，ここまできたら次は小噺や落語を実際にやってみましょう。お気に入りの一席を見つけて，練習にとりかかりましょう。Rakugo会へ向けて，Let's get started!

実践編

●小噺
大工?／賭けごと好き／おためし／
幸せな人生／猫の名前

●落語
つぼ算／粗忽長屋／たぬさい／
時そば／猫の茶碗／ケチとうなぎ屋／
動物園／いらち俥／まんじゅうこわい／
桃太郎

Carpenter?
大工？

短いながらも，オチで思わずずっこけてしまいそうな小噺です。まずは短い小噺で，落語の「上下を振る」演じ方にチャレンジしてみましょう。

Gen: ①Hey, Toku!
Toku: ②Hey, Gen.
Gen: How is the bookshelf I built for you the other day?
Toku: Oh, it's broken already. It was no good.
Gen: ③What? Why? You didn't put anything on it, did you?

(33 words)

Words & Phrases 語句を覚えよう

bookshelf	本棚
broken	故障した，壊れた
already	もうすでに

実践編　小噺❶　大工？

登場人物
- 源(Gen)…あまり腕のよくない大工
- 徳(Toku)…源の友人

源：徳さん，どうも！
徳：ああ，源さん。
源：この間作ってあげた本棚どうだい？
徳：あ，あれはもう壊れちゃったよ。あれはよくなかったね。
源：何だって？　どうして？　まさか何か上に置いたんじゃないだろうね？

演じ方のヒント

①源，最初は機嫌よく。

②徳は最初からあまりうれしくなさそうな表情で。

③源，不機嫌そうに驚いた様子で。大きな声を出すとよい。

Act Out　演じるときのポイント

　源は大工職人なので，職人ぽく勢いのある少し早口な話し方だと雰囲気が出ると思います。対照的に，徳をゆっくりめの話し方にすると演じ分けがしやすくなります。

小噺 2 Gamblers 賭けごと好き

難易度 ×

賭けごとがやめられない2人の小噺です。掛け合いを意識して，テンポよく演じてみましょう。

Two gamblers are talking.

Gen: ① We should stop gambling. We are always betting on something.
Toku: You're right. I will stop gambling today.
Gen: You will stop gambling today? Really?
Toku: Yes, really.
Gen: ② I don't think you can.
Toku: Yes, I can.
Gen: I don't think you can.
Toku: Yes, I can.
Gen: No, you can't.
Toku: Fine, do you want to bet on that?

(56 words)

Words & Phrases 語句を覚えよう

gambling	賭けごと，ギャンブル
bet	賭ける

実践編 小噺❷ 賭けごと好き

登場人物
- 源(Gen)…賭けごとが好きな男
- 徳(Toku)…賭けごとが好きな，源の友人

賭けごと好きの2人が話しています。
源：もう賭けごとはやめよう。俺たちはいつも何かに賭けている。
徳：そうだな。じゃあ，俺は今日から賭けごとはやめるよ。
源：今日から賭けごとをやめるって？　本当に？
徳：ああ，本当だ。
源：それはできないと思うよ。
徳：いや，できるね。
源：できないと思う。
徳：いや，できる。
源：いや，できない。
徳：よし，じゃあ，できるかどうか賭けてみるかい？

演じ方のヒント

①似た者同士の2人なので，同じようなジェスチャーでもよいし，違うしぐさをつけてもよい。2人とも少し反省している様子で。

②同じようなセリフの繰り返し。だんだん早口になる，どんどん大きな声になる，などの工夫をして盛り上げるとよい。

Act Out　演じるときのポイント

　後半のやめる，やめられっこない，の言い合いが盛り上がったほうが，オチが活きてきます。しつこく，何度もお互いにこのセリフを言い続けてもおもしろいです。偉ぶったり，あきれたり，バカにしたり，怒ったり…さまざまな表情をつけてやってみましょう。

Trial
おためし

落語のポイントの1つ,「麺を食べる」シーンのある小噺です。ズルズルッ, モグモグ, とおいしそうに演じてください。

Lord: ①I heard you eat a lot.
Hachi: Yes, I do.
Lord: Can you eat thirty bowls of *soba* noodles?
Hachi: ②That's a lot. I don't know …
Lord: If you eat thirty bowls of *soba* noodles, I will give you three gold coins.
Hachi: OK … Please wait here. I will be right back.
About half an hour later …
Hachi: I'm back. I'm ready. Give me all the *soba*!
　　③*(Slurp, slurp, slurp …)*
Lord: Wow. You are fast.
Hachi: *(Slurp, slurp, slurp …)* I'm finished!
Lord: You are great! How did you do that? There must be some secret. You left here for about half an hour. What did you do?
Hachi: Oh, that was nothing. I wasn't sure if I could eat thirty bowls of *soba* noodles, so I went to a *soba* shop and ate some for a trial.

(121 words)

Words & Phrases 語句を覚えよう

slurp	ズルズルとすすりこむ音

実践編　小噺❸　おためし

登場人物
- 殿様(Lord)…庶民に無理難題を言う、ちょっとわがままな殿様
- 八(Hachi)…まぬけな大食漢

殿様：お前はたくさん食べると聞いたが。
八：はい、そうです。
殿様：そばを30杯食べられるかね？
八：それは多いですね。わかりません…。
殿様：もしそばを30杯食べたら、小判を3枚与えるぞ。
八：わかりました…。ここでお待ちください。すぐに戻ります。
30分後…
八：戻りました。準備できました。そばをください！
　（ズルズルズル…）
殿様：おお。早いな。
八：（ズルズルズル…）終わりました！
殿様：素晴らしい！　一体どうやったんだ？　何か秘策があるのだろう。30分ほどここを離れていたな。何をしたんだ？
八：あ、あれはなんでもないです。30杯ものそばを食べられるかどうかわからなかったので、そば屋へ行って試しに食べてきました。

演じ方のヒント

①殿様はふんぞり返って、扇子をひざに立てるなどのしぐさを入れると、偉そうに見える。話し方はゆったりと、低い声で。

②ここでは、八は自信なさげな様子。しばらくして戻ってくると、元気になって自信に満ちあふれているように変化をつけると、オチがおもしろくなる。

③ズルズルという音は、なるべくリアルな音が出るように要練習！

Act Out　演じるときのポイント

八は想像以上の大食いだった、というオチです。わざわざ試し食いをしてこようと思うくらいですから、そもそもは気の弱い男なのでしょう。試してみて、やっと自信が持てたという八の性格が表現できるといいですね。

Happy Life
幸せな人生

「幸せって何だろう」と考えさせられる小噺です。情景が浮かぶような語り口で演じてみましょう。少し長いですが、繰り返しも多いので、力まずに。

A businessman stopped by a beach and met a fisherman.

Businessman: ①So, how is your life as a fisherman?
Fisherman: ②Good. Whenever I wake up, I go fishing. I come home and have a nice lunch with my family. Later in the afternoon, I play with my children and drink sake with my wife and friends.
Businessman: You should work harder! If I were you, I would work all day, buy a big fishing boat, hire dozens of people and start a big fishing business!
Fisherman: Then what?
Businessman: I would be rich!
Fisherman: How long will it take?
Businessman: Maybe fifteen years.
Fisherman: And after that, what would you do?
Businessman: ③Well of course, I would live by a nice beach and go fishing whenever I wake up. Then I would have a nice lunch with my family. Later in the afternoon, I would play with my children and drink sake with my wife and friends.

(148 words)

Words & Phrases 語句を覚えよう

stop by	立ち寄る
hire	雇う
dozens of ~	何ダースもの~，多数の~（~は複数名詞）

実践編　小噺❹　幸せな人生

登場人物
- 商売人（Businessman）…おせっかいで，金もうけを目標にするがんばり屋
- 漁師（Fisherman）…贅沢を求めず，ゆったり過ごしているのんびり屋

ある商売人が浜辺で漁師に出会いました。

商売人：で，漁師としての人生ってどんな感じだい？

漁師：いいですよ。目が覚めたら釣りに出る。家に帰って家族と一緒においしいお昼ご飯を食べて。午後には子どもたちと遊び，妻や友達と酒を飲みます。

商売人：もっとしっかり働きなさいって！　私なら，一日中仕事して，大きな漁船を買って，何人もの人を雇って，でっかく魚の商売を始めるね！

漁師：それでどうなるんです？

商売人：それで金持ちになるんだよ！

漁師：そうなるのにどのくらいかかるんです？

商売人：15年くらいかな。

漁師：それでそのあと，どうするんです？

商売人：そりゃもちろん，浜辺に住んで，目が覚めたら釣りに行くさ。それからおいしいお昼ご飯を家族と一緒に食べてさ。午後には子どもたちと遊んでさ，それから妻や友達と酒を飲みたいねえ。

演じ方のヒント

①漁師に対して，「上から目線」で話す商売人。

②漁師はのんびりした口調でゆっくり話すとよい。

③最後まで，自分の理想が目の前の漁師の生活だと気がつかず，遠い目をして語るようにすると，おもしろい。また，"play with my children"の後に，"Oh, maybe my children would be too old to play with me by then. Anyway …"（ああ，その頃には子どもも大きくなって遊んでくれないかもな。ともかく…）という表現を入れてもよい。

Act Out　演じるときのポイント

商売人の最後のセリフを言い終わったところで，ふとそれが目の前の漁師の生活である，と気がついてもおもしろいですね。"… That sounds like your life, doesn't it?"（あなたの生活みたいだね。）と一言添えたり，少し間をあけた後に眉を寄せて首を傾けるだけでもいいです。

A Cat's Name
猫の名前

猫にいい名前をつけたい，という子どもの願いに応えようと，お父さんががんばる小噺です。子どもと大人のやりとりを意識して演じてみましょう。

Child: ①I got a cat. I want to give it a good name. What is a strong and powerful name?

Father: ②Hmm. How about Tiger? It's the strongest cat.

Child: Good. This cat is Tiger.

Father: Wait. A dragon is stronger than a tiger. How about Dragon?

Child: OK, so this cat is Dragon.

Father: No, wait. The clouds are stronger than a dragon. Dragons climb up to the sky on a cloud.

Child: OK, then this cat is Cloud.

Father: But the wind blows the clouds away. The wind is stronger than a cloud.

Child: OK, so this cat is Wind.

Father: Maybe a wall is stronger than the wind. Wind cannot blow a wall away.

Child: Right, so this cat is Wall.

Father: How about mouse? A mouse is stronger than a wall. It can make holes in the wall.

Child: I see. Then this cat is Mouse.

Father: But wait! A cat is stronger than a mouse, because cats catch a mouse and eat it!

Child: Wow, OK. Then this cat is Cat!

(161 words)

実践編　小噺⑤　猫の名前

登場人物
- 子ども(Child)…素直な性格の子ども
- 父親(Father)…真面目だがちょっとまぬけな父親

子ども：猫をもらったんだ。何かいい名前をつけたいな。強そうで力の出そうな名前って何かな？

父親：うーん。トラなんてどうだ？　ネコ科の中で一番強いぞ。

子ども：いいね。この猫は，トラだ。

父親：待てよ。トラよりも竜の方が強いな。竜ってのはどうだ？

子ども：そうだね，じゃあ，この猫は竜だ。

父親：いや，待て。雲のほうが竜より強いかな。竜ってのは雲に乗って空に昇っていくもんだ。

子ども：そうか，じゃあ，この猫は雲だ。

父親：でも風は雲を吹き飛ばすよなあ。風のほうが雲より強いかな。

子ども：そうか，じゃあ，この猫は風だね。

父親：もしかしたら壁のほうが風より強いかも。風は壁を吹き飛ばすことできないだろう。

子ども：確かにね，じゃあ，この猫は壁だね。

父親：ねずみはどうだ？　ねずみは壁より強いだろう。壁に穴を開けちまうもんな。

子ども：なるほど。それじゃ，この猫はねずみだね。

父親：でも待てよ！　猫はねずみを捕まえて食っちまうから，猫のほうが強いだろう！

子ども：へええ，そうか。じゃあ，この猫は猫だ！

演じ方のヒント

①子どもは猫を抱えているしぐさがあるといい。

②父親は，腕組みをしながら真剣に考えながら猫の名前を提案する。

🀄 Words & Phrases 語句を覚えよう

blow 〜 away　　〜を吹き飛ばす

🪭 Act Out　演じるときのポイント

　父親が話すときは基本的に両腕を組む，子どもが話すときは基本的に猫を抱えているしぐさをする，などと決めると演じ分けがしやすくなります。猫を抱える代わりに，父親が提案する名前をいちいちメモにとる（ここは扇子と手ぬぐいを使って），というしぐさを取り入れてもいいですね。

英語落語海外公演でのひとコマ

子どもたちも大笑い（1999年シンガポール公演）

大人たちも大笑い
（2002年オーストラリア公演）

熱気あふれる会場
（2003年フィリピン公演）

公演後にパチリ（2007年ブルネイ公演）

学会のメンバーと
（2010年国際ユーモア学会）

海外公演で一緒の
落語家さんたち

Pot Mathematics
つぼ算

「つぼ算用」とも呼ばれる噺で，あまりによくできた賢い噺に感心してしまいます。もしかしたら現実社会でも通用するかもしれない，と思ってしまうほどの買い物トリックと，徳さんの軽妙なトークに注目です。

Toku: Hi, excuse me. I would like to buy a pot. How much are they?

Shop owner: Well, the small one is three yen and the big one is six yen.

Toku: OK, then I will buy a small pot. ①Here is the money …

Shop owner: Yes, thank you.

Toku: Thanks, bye!
 … ②Ha ha ha, now I am going back to the shop again.
 … Excuse me!

Shop owner: Oh, hi. It's you again! Did you forget something?

Toku: ③No, no, I just remembered. I want a big pot instead of this small one. Is that OK?

Shop owner: OK, that's no problem.

Toku: Really? Can I return this small pot and buy a big one?

Shop owner: Yes, of course.

Toku: Good! So, how much is a big pot?

Shop owner: Well, it's six yen.

Toku: OK …, six yen. By the way, how much could you take this small pot back for?

Shop owner: Well, you just bought it. So I will take it back for three yen.

実践編 落語❶ つぼ算

登場人物
- ●徳（Toku）…ずる賢い男
- ●店主（Shop owner）…徳にだまされてしまう，ちょっとまぬけな人の良いおじさん

徳：どうもー，ちょっとすいません。つぼを買いたいんだけどね。いくらだい？
店主：ええ，小さいのが3円で，大きいのが6円でございます。
徳：そうか，じゃあ小さいの買ってくよ。はい，これお金ね…。
店主：はいはい，ありがとうございました。
徳：どうも，またね！
　　…はっはっはー，さてもう一度店へ戻るとするか。
　　…すいません！
店主：ああ，どうも。またあなたですか。何かお忘れ物でも？
徳：いやいや，そうじゃないんだよ。ちょうど思い出してね。この小さいのじゃなくて，大きいつぼが欲しいんだよ。いいかい？
店主：わかりました，結構ですよ。
徳：ほんとに？　この小さいつぼを返して，大きいのを買ってもいいの？
店主：ええ，もちろんです。
徳：よかった！　で，大きいつぼはいくら？
店主：えー，6円です。
徳：わかったよ，6円ね。ところで，この小さいつぼはいくらで引き取ってもらえるかな？
店主：まあ，さっき買ってもらったところですからね。3円でお引き取りしますよ。

演じ方のヒント

①お金を払うしぐさは，着物の袖に手を入れてお金を出す，ポケットに手を入れてお金を出す，手ぬぐいを財布に見立ててお金を出す，などするとよい。

②笑うところは，打って変わって悪い顔に。悪だくみをしている，という表情が効くところ。いったん店を出て再び戻るので，Excuse me! の前に，そのあたりを歩き回る様子を表現するとよい。

③この場面では，徳は人の良いお客さんを演じている。明るく，感じよく振る舞う。

Toku: Wow! Great! And ..., do you still have the three yen I paid you?

Shop owner: Ah, yes, yes. It's right here.

Toku: Good! ④ So you have my three yen right there, and I give this three yen pot back to you ... together it will be six yen, right?

Shop owner: Ah ..., ⑤ three yen cash here, and the three yen pot back to me ..., and ..., together ... six yen ...Yes! Yes, it's six yen.

Toku: OK, then I'm taking this big pot. Thank you! ⑥ Bye!

Shop owner: ⑦ Thank you very much! Come again!

(230 words)

実践編 落語❶ つぼ算

徳：わあ！　いいね！　それで…，さっき払った3円ってまだ持ってるかい？
店主：ああ，はいはい。ここにございます。
徳：よかったー！　じゃあ，そこに3円あって，この3円のつぼをそっちに返すと…，合わせて6円，だね？
店主：えーと…，3円の現金がここにあって，3円のつぼが返ってきて…，それで…，合わせて…6円…。そうですね！　はい，たしかに6円です。
徳：よし，じゃあこの大きいつぼもらっていくよ。どうもー！　じゃあまた！
店主：ありがとうございましたー！　またいらしてください！

演じ方のヒント

④たたみかけるように，一気に店主を丸めこむ。現金は店主の手元にあるので指差して，つぼを返しながらのセリフ。

⑤現金とつぼを手にして確認しながら，計算する。指を折って数えてもいいし，そろばんをはじくなどのしぐさを入れてもおもしろい。

⑥最後はさわやかに去っていく。

⑦だまされたことに気がつかないので，店主もさわやかに送り出す。店主のこのさわやかさがポイント。

Words & Phrases 語句を覚えよう

64ページ

pot	つぼ，なべ，きゅうす，びん，鉢
	（ここでは，水がめのつぼを買いに行くという設定）
mathematics	算数，数学
	（mathと略されることもあるので，この噺のタイトルもPot Mathと略すことがある）
instead of 〜	〜の代わりに
	（文末ならofなしでも使える。"I want a big pot instead.（代わりに大きいつぼが欲しい）"）
take 〜 back	〜を戻す，返す

Act Out 演じるときのポイント

　この噺では店に二度出入りするので，店に入るときはのれんを手でよける，もしくは横開きの戸を開ける，などのしぐさを入れると，店内にいるということがわかりやすくなります。小さいつぼを持ち帰るときは，小脇に抱えるとか肩にかつぐとか，つぼの大きさを想定して持つようにします。それに対して，大きいつぼを持つときは明らかに大きくしなければいけません。

　本来の落語ですと，買い物に来るのは2人なので，長い棒に縄でつぼをくくりつけ，2人で棒の前後をかついで帰る，ということになっています。今回の噺では，少々大げさに両手を広げて大きな重いつぼをよっこいしょ，と持ち上げましょう。このとき，I'm taking this big pot. Thank you! Bye!　のセリフが重さで声が震える，などの工夫をしてもおもしろいかもしれません。

　登場人物の演じ分けとしては，店主は人の良いちょっとまぬけな人です。全体的にセリフをゆっくり言う，おどおどしながらしゃべる，など工夫するとおもしろいキャラクターになります。そして最後はとってもさわやかに徳を送り出してあげましょう。これで店主のまぬけ度がアップします。

小さいつぼを小脇に抱える

実践編　落語❶ つぼ算

解説　元の噺では，まぬけな男と賢い男が2人で買い物に行きます。まぬけな男がごちゃごちゃと口をはさむ中，店主を丸めこむのが賢い男です。つぼの値段も本来は3円50銭と7円なのですが，まず小さいつぼを3円に値切り，その後大きいつぼは小さいつぼの2倍の値段だからといって6円に値切る，というさらなる買い物術が盛り込まれています。

　この噺には実は後半があって，どうもおかしいと思った店主が徳さんたちを追いかけてきます。どうやっても計算が合わない，と言いつのるのです。そこでも徳さんは返したつぼをまた売ればいいと言ったり，計算をやり直させたりと，らちがあきません。最終的にあきらめた店主が「もういいです，そのつぼ持って帰ってください」と言うと，徳さんが「それがこちらの思うつぼ」。これがオチです。

Hasty Two
粗忽長屋

粗忽者とは，そそっかしくて軽率なあわて者のことです。登場するのは落語では定番，長屋に住む熊さんと八っつあん。あり得ないほどの2人の粗忽ぶりが，底抜けに楽しい一席です。

There was a crowd of people at the river. Hachi wondered why and he asked a man about it.

Hachi: ①Excuse me, what happened?

Man: Oh, somebody drowned. This man is dead. But we don't know who he is.

Hachi: Let me see … ②Oh no! This is Kuma!

Man: Do you know this man?

Hachi: Yes. He is, well, he was my best friend!

Man: Well, I'm sorry. But it's good to have someone who knows this man. Can you let his family know about this?

Hachi: He has no family. No wife or children. … But I sure should let him know.

Man: ③… What did you say?

Hachi: He is a thoughtless man. He probably forgot that he drowned and went home … I know where he lives! I'll be right back!

Man: Wait, wait! What do you mean!? … Oh, he is gone …

実践編　落語❷　粗忽長屋

登場人物
- 八(Hachi)…そそっかしい長屋住まいの江戸職人
- 熊(Kuma)…さらにそそっかしい長屋住まいの江戸職人
- おじさん(Man)…通りすがりの人

川べりに人だかりができておりました。八は不思議に思って，おじさんに声をかけてみました。

八：すみません，何があったんですか？

おじさん：ああ，人が溺れたんだよ。この男なんだが，死んどるんだ。でも誰もどこの誰だかわからなくてねえ。

八：どれどれ…。何てこった！　こいつは熊だ！

おじさん：お前さん，この男を知っているのかね？

八：ええ。奴は俺の親友で，いや，だった，奴で！

おじさん：おお，それは気の毒に。しかし，この人を知っている人がいてよかった。この人の家族に知らせてくれるかね？

八：奴に家族はいないんで。嫁も子どももなくってね。…でも，とにかく本人には知らせてやらないと。

おじさん：…何だって？

八：あいつ，おっちょこちょいだからな。自分が溺れたってことも忘れて，家にでも帰っているんだろう…。こいつの住んでるとこを知ってるんで！　ちょっと行ってすぐ戻ります！

おじさん：待て，待て！　どういうことだい!?　…ああ，行っちまったよ…。

演じ方のヒント

①人ごみをかき分けながらやってくる様子をしぐさで表現しながら，八が登場。

②友人の死体を目の前にして，大きなショックを受ける。両手で頭を抱える，顔を押さえる，など。

③少し落ち着いて，比較的冷静な様子の八に対して，驚いているのはおじさんの方。少し間を空けて，今聞こえたセリフが信じられない，という表情で。

④_(Knock, knock)_

Hachi: Hey, Kuma! Kuma! Are you home?

Kuma: ⑤Yeah, what happened? You look awful.

Hachi: ⑥Kuma, I'm glad you are home. Now listen. Don't be shocked. I have bad news.

Kuma: Really? Oh no, what's that?

Hachi: Kuma …, you are dead!

Kuma: ⑦Really? But … I don't feel like I'm dead.

Hachi: It's true! I saw you dead!

Kuma: Wow. Well, how did I die?

Hachi: You drowned in the river.

Kuma: But how? I know how to swim.

Hachi: I don't know. Anyway, we should go get the body.

Kuma: Do we have to? I feel awkward picking up my own body …

Hachi: You should. It's your own body. You are responsible.

Kuma: OK … ⑧Let's go.

Hachi: Excuse me! I brought him! Look, Kuma. This is you.

Kuma: ⑨Yeah, it looks like me… But don't you think I look pale? And my face looks longer…

Hachi: Well, you are dead, so of course you look pale. And your face stretched a little probably because you were under the water for a long time.

Kuma: I see. Well, yes, OK, this is me. I am a man. I will take responsibility. I'm taking me home. ⑩_(Picks up the body)_ Wait a minute. I'm confused. This dead man is me for sure, but who is this man holding my body?

(328 words)

実践編　落語❷ 粗忽長屋

（トントン！）

八：おい，熊！　熊！　いるかい？
熊：おう，何かあったのか？　ひどい顔してるぞ。
八：熊，よかった，家にいたか。いいか，よく聞けよ。驚くなよ。悪い知らせがあるんだ。
熊：ほんとに？　やだなあ，何だい？
八：熊…，お前は死んだんだ！
熊：本当に？　でも…，俺，ぜんぜん死んだ気がしないよ。
八：本当なんだよ！　俺，お前が死んでるの見たんだから！
熊：ええっ。で，俺はどうやって死んだの？
八：お前は川で溺れたんだよ。
熊：だけど，どうやって？　俺泳げるのに。
八：知らないよ。とにかく死体を引き取りに行こう。
熊：行かなきゃだめ？　自分の死体を引き取るなんて，気まずいよ…。
八：ちゃんとやらなきゃ。お前自身の体だぞ。責任とらなきゃ。
熊：わかったよ…よし，行こう。

八：すいません！　連れてきましたよ！　見ろよ，熊。これがお前だ。
熊：うん，どうも俺みたいだな…。でも何だか顔が青白いと思わないか？　それに，顔もちょっと長いような…
八：まあ，お前は死んでるからな，当然顔は青白くなるだろ。それに，長い間水の中にいたんだから，顔もちょっと伸びちゃったんだろう。
熊：なるほどね。よし，うん，わかった，これは俺だ。俺も男だ。ちゃんと責任とるぞ。俺を家に連れて帰ろう。（死体を抱き上げる）ちょっと待てよ。混乱してきたぞ。この死んでる男は確かに俺だが，俺を抱き上げてるのはいったい誰なんだ？

演じ方のヒント

④あわてて戸を叩くしぐさ。反対の手で扇子を持ち，扇子の手元部分（固い方）で床を叩き，音を出すとよい。

⑤何も知らないので，ボーっとした感じで。

⑥熊が家にいるとわかっても，まったく安心していない。緊張感のある口調で。熊の両肩に手を置くなどのしぐさをつけてもいい。

⑦死んでいる，と言われて驚くが，疑ってはいない。手で自分の体を触って確認するなど，素直に驚いた様子を表現する。

⑧ようやく納得した熊は行くことを決心した表情で。このあと，川辺へ早足で歩いて行く様子をしぐさで表現するとよい。

⑨川辺に置かれた死体をまじまじと見つめる。のぞき込むように，目線を工夫して。

⑩八の言葉に死体を引き取る熊。よいしょ，と声を出してもよい。死体をぐっと抱き上げるしぐさを。大の大人の死体だから，かなり重そうに。

Words & Phrases 語句を覚えよう

70ページ

hasty	軽率な，深く考えない
crowd	群衆，人ごみ，観衆
wonder	好奇心を持つ，不思議に思う
drown	溺れ死ぬ
let ～ know	～に知らせる
I sure should ～	必ず～すべきだ（sureは強調）

72ページ

awful	とても悪い，ひどい
feel like ～	～のような気がする
go get ～	～を取りに行く（主にアメリカ英語の話し言葉で用いる）
awkward	きまりの悪い，気まずい，落ち着かない
responsible	責任がある
pale	青ざめた，青白い
stretch	伸びる，広がる
confused	混乱した，困惑した

Act Out 演じるときのポイント

　顔の向きや目線は重要なポイントになります。例えば，死体を見ながら話すときは，地面に人が倒れている様子を想像して下を向くようにします。

　後半の熊と八のナンセンスな会話は，江戸っ子の職人らしく，テンポよくいきたいところです。短いセリフが続いているので，ポンポンポンと調子よく言えるといいですね。バカバカしい会話のやりとりですが，本人たちは真剣そのものです。真剣な表情でしっかり演じ切ると，かえっておもしろい場面になります。

死体を抱き上げる熊さん「俺は誰？」

| 実践編 | 落語❷ 粗忽長屋 |

🖋 Make Your Own　オリジナル落語を作ろう

　この噺では，最後の方で自分自身の死体を目の前にした熊が，いまひとつ納得いかないように，「顔が青白い」だの「顔が長い」だの言い出します。他人なのですから，どこか違って当然です。どんな違いに熊が気がつくとおもしろいか，考えてみましょう。また，それに対する八の理由もあわせて考えてみましょう。

Kuma: Yeah, it looks like me …, but <u>this kimono is very nice. I don't have such a nice kimono.</u>
　　　（うん，どうも俺みたいだな…，でもこの着物はずいぶんいいな。俺，こんないい着物，持ってないよ。）
Hachi: <u>Well …, it's yours. If you like that kimono, you can take it.</u>
　　　（うーん…，お前のだよ。その着物が好きなら，持って帰ればいいだろ。）

Kuma: Yeah, it looks like me …, but _____
Hachi: _____

解説　落語の登場人物には決まった役割の人たちが何人かいます。たとえば，まぬけなキャラクターの与太郎，物知りで仲介役のご隠居さん，ときどきいじわるをする大家さん，しっかり者のおかみさん，などなど。多くは，貧乏長屋の住人です。熊さん，八っつあんも長屋のメンバーで，江戸っ子でそそっかしい職人です。そんな愉快な仲間たち，庶民の生活を反映しているのが落語なのです。

　ちなみに実はこの噺，元の落語では「行き倒れになった男」なのですが，英語版では「溺れた男」にしています。これは，単純に「行き倒れ」にぴったりくる英語がなかったからなのですが，結果的に「俺泳げるのにどうして溺れたんだ？」という笑いどころにつながりました。

落語 3 A Coon Dog and a Gambler
たぬさい

難易度 ××

たぬさいとは，タヌキのサイコロのことです。「ちょぼいち」という賭けごとに，タヌキが化けたサイコロで挑むという噺です。ちょっとドジな子ダヌキがちょくちょく失敗する場面を楽しく演じましょう。

①(*Knock, knock!*)
Gen: ②Oh, hey! You are the coon dog I saw this afternoon.
Coon: ③Yes. Thank you for saving me from those children.
Gen: No problem.
Coon: I want to do something for you. What can I do?
Gen: Oh, that's very nice. Hmmm … Oh, yes! I heard that a coon dog can turn himself into anything. Is that true?
Coon: Yes.
Gen: Can you become a die? You see, I like gambling. So if you become a die and show me the number I tell you, then I'll win all the games!
Coon: ④A die … All right, I'll try. Close your eyes and count to three.
Gen: Sure. ⑤One, two, three! Ohhh! Great! ⑥This looks like a real die! It's too soft … but that's OK. (*Rolls*) What? Don't roll? It makes you sick? But I have to roll you. (*Rolls*) Good, good. So if I tell you one, show me one. If I tell you two, show me two. OK? Let's go!

実践編　落語❸ たぬさい

登場人物
- 源(Gen)…博打好きの男
- タヌキ(Coon)…子どもたちにいじめられていたところを源に助けてもらった，ちょっとドジな子ダヌキ
- おやじさん(Man)…賭場の男

（トントン！）
源：おお，お前か！　昼間見かけたタヌキじゃないか。
タヌキ：はい。あの子どもたちから助けていただいてありがとうございました。
源：いいんだよ。
タヌキ：何かお礼をしたいんです。何をいたしましょう？
源：おお，それはいいねえ。うーん…ああ，そうだ！　タヌキって何にでも化けることができるって聞いたんだけど，それって本当かい？
タヌキ：はい。
源：じゃあサイコロになれるかい？　ほら，俺は博打が好きでね。サイコロになって俺の言う数字を出してくれれば，全部勝てるってわけ！
タヌキ：サイコロ…。わかりました，やってみます。目を閉じて，3つ数えてください。
源：わかった。いち，にい，さん！　おお！　すごい！　本物のサイコロみたいだ！　柔らかすぎるが…まぁ，大丈夫だ。（転がす）何？　転がすな？　気持ちが悪くなる？　だけど転がさないとなあ。（転がす）よし，いいぞ。じゃあ，1って俺が言ったら1。2って言ったら2ね。わかったかい？　よし，行こう！

演じ方のヒント

①戸を叩くしぐさ。反対の手で扇子を持ち，扇子の元元で床を叩き，音を出すとよい。

②タヌキは足元にいると思われるので，見下ろすような目線で。

③見上げるような顔の角度と目線にするといい。

④少し考えるしぐさをする。

⑤目をつぶって3つ数える。

⑥手で持って，いろいろな角度から見てみてもよい。

77

Gen: ⑦Hey, hello everyone! Today, I brought a good die. Let's play.
Man: Let me see …, strange, this is warm.
Gen: Oh, I just had it in my sleeve.
Man: Hmmm, I see … ⑧(Rolls) This die is no good. It doesn't roll very much.
Gen: Oh, no, poor thing … Don't do that. It makes him sick. …⑨Hey, don't be lazy. You have to roll much more.
Man: Who are you talking to?
Gen: Nobody. Try again.
Man: (Rolls) …⑩It's going too far now …
Gen: Hey, stop! Come back here! No, don't come back! ⑪I'll come get you. Ha ha ha. Now, can I play with this die?
Man: Well …, OK.
Gen: Great! Everyone, bet your money! ⑫(Turns over the cup) What do you want to bet on? Two? Three? … I bet on one. ⑬Hey, are you ready? What's the number … (Opens the cup) One! I won! Next game, please. (Turns over the cup) Next time, I bet on three! Are you ready? What's the number … (Opens the cup) Three! I won again! Next game! I bet on …
Man: Wait! Don't say the number.
Gen: … Why not?
Man: It's strange. When you say the number, you get the number.
Gen: Oh …, OK. I want to bet on two, so … Hey, ah, eyes! You know, eyes! Keep your eyes wide open!
Man: What …? Who are you talking to?
Gen: Not you! Come on, eyes!
Man: Open the cup!

⑭*The coon dog sits there with his eyes wide open.*

(362 words)

実践編　落語❸　たぬさい

源：やあ，みんな！　今日はいいサイコロ持ってきたぞ。さあ，やろう。

おやじさん：どれどれ…，おかしいな，これ，なんか温かいぞ。

源：まぁ，いま袖に入れてたからね。

おやじさん：うーん，なるほど…（転がす）このサイコロは良くないな。あまり転がらないぞ。

源：ああ，かわいそうに…やめてくれよ。こいつ気持ちが悪くなるんだ。…おい，なまけるなよ。もっと転がらなくっちゃ。

おやじさん：誰と話してるんだ？

源：誰でもないよ。もう１回やってみて。

おやじさん：（転がす）…今度はすいぶん遠くまでいくな…

源：おい，止まれ！　戻ってこい！　いや，戻ってくるな！　俺が取りに行く。はっはっは。で，このサイコロでやっていいかな？

おやじさん：まあ…，いいだろう。

源：よかった！　みんな，さあ賭けろ。（つぼをふせる）何に賭ける？　２か？　３か？　俺は１に賭けるぜ。おい，準備はいいか？　さあ，何がくるかな…，（つぼを開ける）１だ！　勝った！　次，いこうぜ！（つぼをふせる）よし，次は３に賭けるぜ。準備はいいか？　何がくるかな…（つぼを開ける）３だ！　また勝ったぞ！　次，いこうぜ。俺は…

おやじさん：待て！　数字を言うな。

源：…なんでダメなの？

おやじさん：おかしいぞ。お前が数字を言うと，その数字が出る。

源：ああ…，わかったよ。次は２に賭けたいから…。うん，そう，目だ！　わかるだろ，目だよ！　目を大きく開けときな！

おやじさん：何…？　誰と話してるんだ？

源：おやじさんじゃないよ！　さあこい，目だ！

おやじさん：つぼを開けろ！

タヌキが両目を大きく開けて座っていましたとさ。

演じ方のヒント

⑦少し間を空け，扇子でトンと床をひとつきして場面を切り替えてもよい。

⑧手元から少しだけ離れたところまで目で追う。

⑨膝の前にあるサイコロに顔を近づけて話しかける。ささやく感じにしてもよい。

⑩膝立ちになるくらい伸び上がり，５，６メートルくらい先まで目で追う。

⑪サイコロを取りに行くところでは，ちょっとはいつくばって，遠くのサイコロをあわてて取りに行く様子を表現。

⑫小さなつぼにサイコロを入れてふせ，数字を言ったら開ける動作を繰り返す。

⑬サイコロに話しかけるように，床に顔を近づけて。

⑭上を向き，大きく目を開けて，タヌキのまねをする。

📇 Words & Phrases 語句を覚えよう

76ページ

coon dog	タヌキ(raccoon dog とも訳せるが，raccoon はアライグマのこと。日本の「タヌキ」にぴったり当てはまる英語はなかなか難しい)
save	〜を助ける
die	サイコロ(単数形。複数形は dice。通常は，複数で使われるので dice のほうが一般的)
gambling	賭けごと，ギャンブル

78ページ

sleeve	袖(ここでは，着物の袖)
lazy	怠けている
come get	〜取りに行く(主にアメリカ英語の話し言葉で用いる)

🪭 Act Out 演じるときのポイント

　目線やしぐさを工夫することがポイントです。サイコロを転がすときは，サイコロを追う目線を工夫してみましょう。あまり転がらないというときは手元から少し離れたところまで，サイコロが必要以上に遠くへ転がってしまったときは，膝立ちになるくらい伸び上がって，5，6メートルくらい先まで転がるサイコロを目で追います。手を伸ばして，「おーい，ちょっと！」というようなしぐさを入れてもいいですね。

　タヌキのサイコロに話しかけるときは，膝の前にあるサイコロに顔を近づけて，サイコロに向かって話しかけましょう。いかにも不自然で笑えます。ちょっとドジなタヌキなので，子どものタヌキという設定で演じられることが多いです。

サイコロに話しかける

実践編 落語❸ たぬさい

👉 Make Your Own オリジナル落語を作ろう

　実際の英語落語では，サイコロに化けたときに大きすぎたり小さすぎたりして，やり直しを繰り返します。また，他のものに化ける練習もさせます。たとえば，お札に化けたり，小僧に化けさせて食事を作らせたり。でも，お札に化けると表は完璧でも裏に毛が生えていたりノミが出てきたり，食事を作っても食べ物が木の葉や土で作られていたりと，失敗ばかり。タヌキがどんなものに化けて失敗するとおもしろい落語になるか，考えてみましょう！

　This looks like a real die! But ..., you are too big for a die. You have to be smaller. Yes, good, good, good ... No, no, that's too small. Be bigger. OK, stop! That's the perfect size! Well ..., let's practice a little more.
（本物のサイコロみたいだ！　でも…，ちょっとサイコロにしては大き過ぎるな。もっと小さくならないと。そう，いいよ，いいよ，いいよ…，だめだめ，それは小さすぎる。もっと大きく。よし，ストップ！　完璧なサイズだ！　じゃあ…，もうちょっと練習するか。）

How about ＿＿＿＿＿＿＿＿＿？　（＿＿＿＿＿＿はどうだい？）
Oh no, that's ＿＿＿＿＿＿＿！　（うわ，いやいや，それは ＿＿＿＿＿＿＿＿＿ だ！）

解説　「ちょぼいち」とは，奈良時代に始まったといわれる，賭けごとの一種です。小さなコップのようなつぼにサイコロを1つだけ投げ入れ，皆それぞれ1から6のうち好きな数字にお金を賭けるゲームです。つぼの中のサイコロの数字を当てた人が勝ち，となります。
　タヌキが化ける，とは日本以外ではほとんど考えられていません。そこで，「タヌキが化けられるって本当？」というセリフを付け足して，そういう考え方が伝統的に日本にはあることを知ってもらうようにしています。

Time Noodles
時そば

最もよく知られた古典落語の1つで，江戸落語では「時そば」，上方落語では「時うどん」と呼ばれます。東西の麺文化の違いがこんなところにも表れるのですね。ズルズルと麺を食べる場面が，意外に難しい噺です。

Seihachi: ①Hey, Mr Noodle-man!

Noodle-man 1: Welcome to my noodle shop.

Seihachi: One bowl of hot noodles, please.

Noodle-man 1: Yes, thank you.

Seihachi: Ah, It's cold tonight, isn't it?

Noodle-man 1: Yes, it is very cold tonight. ②Here you go.

Seihachi: Is it ready!? You are so quick! ③Let me see ... Oh, you give new chopsticks! Usually, other noodle shops give old dirty chopsticks. That's not good! ④*(Blows on and eats noodles)* Oh, good noodles. Sometimes noodles are too soft. They are no good. *(Blows on and eats noodles)* Ah, they were delicious! How much is it?

Noodle-man 1: It is sixteen yen.

Seihachi: I see, ⑤sixteen yen ... I have small change. Is that OK?

Noodle-man 1: Of course.

Seihachi: ⑥OK, Mr Noodle-man. I'll pay you one coin at a time. Give me your hand. One, two, three, four, five, six, seven, eight, ... oh, what time is it now?

Noodle-man 1: ⑦Ah, nine.

Seihachi: ... Ten, eleven, twelve, thirteen, fourteen, fifteen, sixteen.

Noodle-man 1: Yes, yes. Thank you.

実践編　落語❹　時そば

登場人物
- ●清八（Seihachi）…お勘定をごまかす，ずる賢い男
- ●喜六（Kiroku）…失敗ばかりで損をする，まぬけな男
- ●そば屋1（Noodle-man 1）…おいしくてきちんとしたそば屋
- ●そば屋2（Noodle-man 2）…まずくてサービスも悪いそば屋

清八：おーい，そば屋！

そば屋1：どうもいらっしゃいませ。

清八：熱いそば1杯頼むよ。

そば屋1：へい，ありがとうございます。

清八：あぁー，今夜は寒いじゃないか，ねえ？

そば屋1：ええ，今夜はずいぶん寒いですね。さあどうぞ。

清八：もうできたの!?　あんた，速いねえ！　どれどれ…おっ，新しい箸を出すんだね！　だいたい他のそば屋は古くて汚い箸を出してくるからね。あれは良くないよね！（フウフウ吹いてズルズル食べる）うん，いいそばだ。時々そばが柔らかすぎたりするんだよ。あれは良くないね。（フウフウ吹いてズルズル食べる）ああ，おいしかった！　いくらだい？

そば屋1：16円です。

清八：なるほど，16円ね…銭が細かいんだ。いいかい？

そば屋1：はい，もちろんで。

清八：よし，そば屋。1つずついくからな。ちょっと手を出しておくれ。ひとつ，ふたつ，みっつ，よっつ，いつつ，むっつ，ななつ，やっつ…あれ，いま何時だい？

そば屋1：えー，ここのつ。

清八：…とお，じゅういち，じゅうに，じゅうさん，じゅうし，じゅうご，じゅうろく。

そば屋1：はいはい，どうもありがとうございましたー。

演じ方のヒント

①店に来たという様子を表現するため，のれんをかき分けながら，あるいは戸を横にスッと開けながら。

②どんぶりを持ち，扇子を箸に見立てて客に渡す。

③そば屋からどんぶりと箸を受け取る。

④扇子を箸のように使って，ズルズルと音を立てながら熱そうに，おいしそうに食べる。要練習！

⑤袖から小銭を出そうとする。財布に見立てた手ぬぐいから出してもよい。

⑥取り出した小銭は，左手にじゃらじゃらと載せ，そこから右手で1つずつ数えながらそば屋の手に置いていく。

⑦そば屋は両手を差し出している。

83

Kiroku: ⑧Wow ... That was a good trick!! I am going to do exactly the same thing tomorrow night!

⑨*Next day*

Kiroku: Hey, Mr Noodle-man! One bowl of hot noodles, please!

Noodle-man 2: I see, Thank you.

Kiroku: ⑩Well, it's cold tonight, isn't it?

Noodle-man 2: Huh? It is very warm tonight.

Kiroku: Well, that's true. Is it ready? Not yet? You are slow!

Noodle-man 2: Sorry.

Kiroku: It's OK. Let me see ... Chopsticks! Usually, other noodle shops give old dirty chopsticks ... but your chopsticks are ... ⑪dirty! Did you wash them? Really? It's OK. I can wipe them off. Well, noodles are important. Sometimes noodles are too soft. They are no good, but your noodles are …

⑫*(Blows on and eats noodles)* …too soft! Oh, this is terrible! ... How much is it?

Noodle-man 2: It is sixteen yen.

Kiroku: ⑬Yes! I have small change. Can you give me your hand?

Noodle-man 2: Yes, OK.

Kiroku: Noodle-man, are you ready? Are you ready to get paid? ⑭Ha, ha, ha, poor Noodle-man.

Noodle-man 2: What's so funny?

Kiroku: Oh, nothing. OK. ⑮One, two, three, four, five, six, seven, eight ... oh Noodle-man, what time is it now?

Noodle-man 2: Five.

Kiroku: six, seven, eight, nine ...

⑯*He lost three yen.*

(313 words)

実践編　落語❹　時そば

喜六：わあ…すごくいい方法だな!! 俺も明日の夜，まったく同じようにやってみるぞ！

翌日

喜六：おい，そば屋！ 熱いそば1杯頼むよ！

そば屋2：はい，どうも。

喜六：えーと，今夜は寒いよねえ？

そば屋2：はあ？ 今夜はだいぶ暖かいですよ。

喜六：ああ，確かにそうだな。もうできた？ まだ？ お前，遅いな！

そば屋2：悪いね。

喜六：まあいいよ。どれどれ…お箸！ だいたい，他のそば屋は古くて汚い箸出すんだよ…でもお前んとこの箸は…汚いな！ 洗ってある？ ほんとに？ まあいいよ。自分で拭くから。まあ，大事なのはそばだから。時々そばが柔らかすぎることがあるんだよ。あれはよくないよね，だけどお前んとこのそばは…（フウフウ吹いてズルズル食べる）…柔らかすぎ！ これひどいな！ …で，いくらだい？

そば屋2：16円です。

喜六：よし！ 銭が細かいんだ。手出してくれるかい？

そば屋2：ええ，はい。

喜六：そば屋，準備はいいか？ 払われる準備できてるか？ わはは，かわいそうなそば屋め。

そば屋2：何がそんなにおかしいんです？

喜六：いや，なんでもないよ。よし，ひとつ，ふたつ，みっつ，よっつ，いつつ，むっつ，ななつ，やっつ…おっとそば屋，今何時（どき）だい？

そば屋2：いつつ。

喜六：むっつ，ななつ，やっつ，ここのつ…

3円損したとさ。

演じ方のヒント

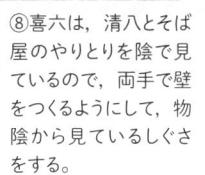

⑧喜六は，清八とそば屋のやりとりを陰で見ているので，両手で壁をつくるようにして，物陰から見ているしぐさをする。

⑨少し間を空け，扇子でトンと床をひとつきすると場面が切り替わる。

⑩寒そうに両腕をさすりながら。

⑪ここで初めて箸を見て，箸の汚さに驚いた表情を。

⑫まずそうに食べること。

⑬Yes! はうれしそうに！

⑭ははは，としつこく笑って，なかなか払わないとおもしろい場面。

⑮前半同様，1つずつお金（かね）を渡していく。

⑯オチの部分はナレーションなので，前に向き直って観客に語りかけるように。オチの前に観客が笑ってしまったら言わなくてもいい。

85

Words & Phrases 語句を覚えよう

82ページ

one bowl of 〜	（どんぶり，または茶碗）1杯の〜
quick	速い，迅速な，機敏な
blow on 〜	〜に息を吹きかける
change	小銭

84ページ

trick	策略，ごまかし，妙技，奇術
exactly	正確に
wipe 〜 off	〜を拭く，ぬぐい去る

Act Out 演じるときのポイント

　何といっても，そばを食べるときのしぐさが大事な噺です。扇子の手元が箸の先になるように持って，そばを口に入れるときは必ず箸の先を見ながら食べます。どんぶりの大きさも，途中で大きくなったり小さくなったりしないように，一定の幅を広げてどんぶりを持ちます。意識しないと，だんだん手の幅がせまくなっていってしまい，最後にはお皿の焼きそばでも食べているかのように見えてしまいます。

　もう1つのポイントは，そばを箸で持ち上げたときにフウフウと吹いて冷まし，思い切り「ズルズルー！」と音を立てて食べるところです。実際には何も食べていないのでズルズルという音（しかも汚い音ではなく，おいしそうな音）だけを立てるのは難しいので，練習が必要です。

　登場人物の演じ分けとしては，清八は賢く，喜六はまぬけなわけですから，そういうキャラクターが伝わるように演じるとよいでしょう。たとえば清八が普通のスピード，あるいは少し速めのスピードでしゃべる人ならば，喜六はちょっとゆっくりしゃべる人にするといいですね。もしくは，喜六のまぬけさを際立たせるなら，ぐっと高い声に設定するのも1つのやり方です。途中で登場人物たちの話し方やスピード，声の高さが変わらないように徹底することが大事です。

そばを食べるところ

実践編　落語④　時そば

Make Your Own　オリジナル落語を作ろう

　元の噺では，清八がそば屋を褒めちぎる場面がもっと長くなっています。そしてそれをマネしようとした喜六はことごとく失敗します…。ここでは，どんなことを褒めたらいいか，そして後半でどう失敗するとおもしろいか，考えてみましょう。

Seihachi: The soup is good! It's fish broth, isn't it?
　　　　（この出し汁うまいね！　かつおだしだろう？）
Kiroku: The soup is … awful! It's salty! Too much salt!
　　　　（この出し汁…，まずい！　しょっぱい！　塩入れすぎ！）

Seihachi: _____
Kiroku: _____

Seihachi: _____
Kiroku: _____

解説　実はこの噺，現代となっては英語の方が通じやすいのです。日本語で演じるときは，昔の時間の言い方について説明しないと，時間をそば屋が「ここのつ」と答える場面が理解できません。現代は「9時」のような時間の言い方しかしないからです。英語はこのあたりがとてもシンプルです。時間であっても，小銭の数であっても，単位が特にありませんから，時間を"Nine."と答えても何も不自然ではないのです。

The Cat's Bowl
猫の茶碗

骨董品の価値は、なかなか素人にはわからないものです。そこをついて、高値の骨董品を持ち主から安値で買いたたくという商売をしている男の噺です。落語では、こういうズルい人は最後にしっぺ返しを食うのです。

There was a man from an antique shop, looking for something old and worthy. He stopped by a tea house.

Man: Ah, it's a hot day. Excuse me!

Old lady: ①Yes, yes.

Man: I need something to drink. Can I have some iced tea?

Old lady: Yes, yes. Have a seat. I'll be back in a while.

Man: Haa, … Oh, there is a cat. A cat is eating … ②I don't like cats … I hate them. Go! Go away!

… Oh? ③Hey, look at this cat's bowl. This bowl is a beautiful antique rice bowl. This costs at least a million yen! Why is the Old lady feeding the cat with this expensive bowl …?

Oh! She doesn't know! She doesn't know the value of this old rice bowl! Wow …

④Hey, hey cat! Kitty kitty! Come here!

実践編　落語❺　猫の茶碗

登場人物
● **男**（Man）…老婆をだまそうとする，ちょっとズルい，猫嫌いの骨董屋
● **老婆**（Old lady）…人が良さそうだが，実は結構したたかなおばあさん

骨董屋の男が，古くて価値のあるものを探しています。この男がある茶屋へ立ち寄りました。

男：あー，今日は暑いな。すみません！
老婆：はいはい。
男：何か飲み物はないかな。冷たいお茶はあるかい？
老婆：はいはい。お座りください。すぐに戻ります。
男：はあー…あれ，猫がいる。何か食べてるな…猫は好きじゃないんだよ…嫌いなんだよな。行け！　あっち行け！
　　　…うん？　おい，この猫の茶碗見ろよ。これはなんともきれいな骨董品の茶碗じゃないか。100万円はするぞ！　なんであのばあさんはこんな高級な茶碗で猫にエサをやってるんだ…？
　　　そうか！　知らないんだ！　この茶碗の価値を知らないんだな！　へええ…
　　　おい，猫！　猫ちゃん，猫ちゃんや！　こっちおいで！

演じ方のヒント

①老婆は，とても人の良さそうな物腰であった方がおもしろい。腰が曲がって猫背で，やわらかい笑顔をたたえるているというイメージ。

②本当に猫が嫌いなので，嫌な顔をしてにがにがしく猫を見下ろすように。

③高級な茶碗を見つけたとたん，目が輝かせる。

④掌を返したように，猫に手を出して優しく話しかける。

Old lady: Here you are, sir. Oh, do you like cats?

Man: Of course! I love cats! ⑤This one is really cute.

Old lady: Don't get cat's hair all over your clothes.

Man: That's OK, that's OK. I love cats. May I take him home?

Old lady: You can't. My grandchildren love that cat.

Man: Please. Oh, yes, ⑥here, keep it.

Old lady: What? ⑦Oh, this is a thousand yen bill! I can't take this!

Man: It's OK. Take it, so let me take this cat.

Old lady: I see …, fine, please take good care of him.

Man: ⑧Of course. But …, I am not going home today. I have to stay at an inn tonight. And, ah, you know, when I feed him, I need a bowl. … Ah, this one is OK. This bowl he is using now. I'll take this with the cat.

Old lady: You need a bowl? Then I can bring you a new bowl from the kitchen.

Man: ⑨No, no. Don't bother. This is OK. I want this one!

Old lady: Well, I can't give you this bowl.

Man: ⑩Why not!?

Old lady: Well, this might not look like it, but this is a very expensive antique. It costs at least a million yen.

Man: But, but …, ⑪ouch! The cat just scratched me! I hate cats! Look at all this hair on my clothes! … But why were you feeding the cat with such an expensive bowl?

Old lady: ⑫Well, it's funny. When I feed street cats with this bowl, people buy them for a thousand yen.

(361 words)

実践編　落語❺　猫の茶碗

老婆：さあどうぞ。おや，猫がお好きで？
男：もちろん！　猫大好き！　この子はずいぶんかわいいですね。
老婆：お召し物に猫の毛が着かないように気をつけて。
男：いいんだ，いいんだ。猫が大好きだからな。この子，連れて帰ってもいいかな？
老婆：それは無理です。うちの孫たちがその猫をかわいがっているので。
男：頼むよ。ああ，そうだ，ほら，これ，とっておいて。
老婆：何ですか？　あら，千円札じゃないですか！　これはもらえません！
男：いいんだよ。もらっといて，それでこの猫をもらえないかな。
老婆：そうですねえ…，わかりました。よく面倒見てやってくださいね。
男：もちろんだよ。でも…，今日家に帰るわけじゃないんだよ。今夜は宿に泊まらないと。それで，ほら，こいつにエサをやるときに猫の茶碗が必要だなあ。…ああ，これでいいや。こいつが今使ってるやつ。これ，猫と一緒にもらっていくよ。
老婆：茶碗が必要なんですか？　それなら台所から新しいのを持ってきますよ。
男：いやいや。そんなことしなくていい。これでいい。これが欲しいの！
老婆：あの，この茶碗は差し上げられないんです。
男：なんで!?
老婆：ええ，そうは見えないかもしれませんが，これはとても高級な骨董品なんです。少なくとも100万円はするんですよ。
男：でも，だって…，いたっ！　猫がひっかいた！　猫は大嫌いなんだよ！　見ろよ，服に猫の毛がこんなに！　…でも，なんでそんなに高価な茶碗で猫にエサをやってたんだい？
老婆：それがおもしろいんですけどね。この茶碗で野良猫にエサをやってると，皆さん猫を千円で買っていくんです。

演じ方のヒント

⑤猫を抱き上げているしぐさで。

⑥袖やポケット，財布からお金を出して渡すしぐさ。

⑦両手でお金を受け取った老婆は，それを見てから驚く。

⑧さりげなく話しているが，目的の茶碗から目を離さずに。茶碗は下に置いてあるので，目線は下のほうへ。

⑨ちょっとあせって，少々強引に。声を少し荒げるといい。

⑩Why not!?は，怒った感じで大声を出す。

⑪抱いている猫に腕か顔をひっかかれるので，ひっかかれた箇所を手で押さえる。大嫌いと言いながら，猫を下に投げるようにして下ろすしぐさをする。そして服についた毛を払いながら話す。

⑫くすくすおもしろそうに笑いながら言ってもいいし，とぼけた顔をして本当に不思議そうな表情で言ってもいい。

🎴 Words & Phrases　語句を覚えよう

88ページ

antique	骨董品，（形容詞として）古風な
in a while	すぐに
at least	少なくとも
expensive	高価な，高い
the value of ～	～の価値

90ページ

grandchild(ren)	孫
bill	紙幣
inn	宿屋，小さな旅館
Don't bother.	（くだけて）気にしなくていいよ。お構いなく。
ouch	痛いっ，あいたっ（突然の痛みに思わず発する言葉）
scratch	ひっかく

🪭 Act Out　演じるときのポイント

　下心のある男の，態度の豹変ぶりがポイントとなります。最初はただの客ですが，猫の茶碗が高級だということを知ったとたん，大嫌いなはずの猫をかわいがり始めます。本当は嫌いなので，かわいがり方が大げさでわざとらしいとおもしろいでしょう。抱き上げて頬ずりをする，高く抱き上げる，キスをするなど…老婆との交渉中も，猫をずっと抱っこしてかわいがるのを忘れずに！　猫は猫の嫌いな人がわかるので，猫が嫌がったりするとよりおもしろくなります。

　ところが，茶碗がもらえないということを知ったとたん，猫を放り出します。急に猫の毛が気になって，ずっと服をはたいたり，猫に頬ずりした顔を手ぬぐいで拭いたり。

　老婆の方は，最初から最後まで一貫して穏やかな，人の良いおばあさんとして演じ切るといいでしょう。そのほうが，実はけっこう腹黒い，やり手のおばあさんであるということがじわっと伝わります。

猫をかわいがる

実践編　落語❺　猫の茶碗

🖊 Make Your Own　オリジナル落語を作ろう

　今回の英語版では，老婆がエサをやっていたのは野良猫(street catもしくはstray cat)という設定にしましたが，これは別のオチもあります。たとえば，実はこの猫はとてもよく老婆に飼いならされていて，男がしぶしぶ猫を連れて店を出ると，とたんに猫は老婆のところへ逃げ帰って行き，老婆が「よしよし，よくやったね。お前のおかげでまた儲かったよ」と言うというものです。自由に変えてもおもしろいところですので，オリジナルのオチを考えてみましょう！

オリジナルのオチ…
_____
_____
_____
_____
_____

解説　茶碗の価値を金額で示すところが意外に難しいのですが，それは1円がどのくらいのものなのか，外国の人には必ずしもわからないからです。ましてや，古典落語では「猫に3両」払うことになっていますが，これまたいくらくらいの価値なのかわかりません。かといって，日本の噺なのでドルやルピーなど他国の単位を使うのもおかしな話です。そこで，金額として多そうなイメージのmillionを茶碗の価値として使い，猫の代金としてa thousand yen billを使いました。「千円」ではなく「千円札」とすることで，お札になる程度の金額，という印象を与えるためです。

A Stingy Man and Grilled Eel
ケチとうなぎ屋

落語に多いケチ噺ですが，これまたよくできたケチくらべです。今も昔も高級食材のうなぎ。食べたくてもなかなか手が届かない男の知恵が光ります。観客が「うなぎ食べたい！」と思うように，おいしそうに演じてください。

Man: Ah …, this is everything! I'm done with moving! I'm so tired and I'm so hungry … Oh, something smells good. What is that?

①(Steps outside)

A-ha! My next-door neighbor is a grilled eel shop. ②Oh, the eels are on the grill. They smell good! The teriyaki sauce cooks on the grill and drops of good eel fat … They make such a delicious smell. I want a piece, but I don't have any money, hmm …

Oh, I know! I can just eat plain rice with that smell!

(Scoops rice in his rice bowl and stands in front of the grilled eel shop)

(Sniff, sniff, sniff) Smells good! ③(Eats rice and sniffs again)
Ah, the rice is good. This is just like eating grilled eel on rice!
(Sniff, sniff, sniff) Delicious! I could eat another bowl of rice.

実践編 落語❻ ケチとうなぎ屋

登場人物
- 男(Man)…アイディアだけで生き延びる才能のあるケチな男
- うなぎ屋(Shop owner)…意地悪でケチなうなぎ屋

男：あーあ，これで全部だ！　引っ越しは終わりだ！　疲れたなあ，腹減ったなあ…　おや，何かいい匂いがするぞ。なんだろう？
（外へ出る）
ああ！　おとなりはうなぎの蒲焼屋か。おっ，うなぎが網にのってるぞ。いい匂いだなあ！　たれが網の上でちょっと焦げて，うなぎの脂がポタポタたれて…おいしそうな匂いさせてるなあ。一切れ欲しいところだが，全然お金ないもんなあ，うーん…
そうか，わかったぞ！　あの匂いで白いご飯を食べればいいんだ！
（茶碗にご飯をよそい，うなぎ屋の前に立つ）
（くん，くん，くん）いい匂いだ！　（ご飯を食べ，また匂いをかぐ）うん，ご飯もうまい。こりゃ，ご飯にうなぎの蒲焼をのっけて食べてるようなもんだ！　（くん，くん，くん）おいしーい！　ご飯おかわりできるな，こりゃ。

演じ方のヒント

①外へ出るしぐさは，ちょっと腰を上げて少し姿勢を正すとそれらしくなる。

②匂いをかいだ後のうなぎの描写は，おいしそうに，よだれがたれそうになるしぐさなどを入れて。

③片手に箸（扇子），もう片方の手には茶碗を持っているしぐさで。匂いをかいでは，ご飯をおいしそうにかきこむ。口をもぐもぐさせながら，また匂いをかぐ，など。

95

Shop owner: ④Hey, hey! What are you doing in front of my shop?

Man: ⑤Oh, hi. Your eels smell delicious! Thank you!

Shop owner: What do you mean? Why are you holding a rice bowl and chopsticks in your hands?

Man: I was eating my rice with the smell of your eels.

Shop owner: What!? You can't do that.

Man: Oh, yes, I can. The eels smelled so tempting that my mouth was watering. They're delicious!

Shop owner: No no, that's not what I mean … You shouldn't eat rice with the smell of my eels. These are my eels.

Man: But I never ate your eel. I am just eating my rice.

Shop owner: But you smelled my eels. You have to pay for that.

Man: I have to pay for the smell? Isn't smell free for everybody passing by?

Shop owner: No, not when you eat rice with it!

Man: Fine. I'll pay you. ⑥*(Takes out some change)* Here. I only smelled your eel, so you can only hear my money.
⑦*(Shakes his hands and clinks the coins)*

(257 words)

実践編　落語❻　ケチとうなぎ屋

うなぎ屋：こら，こら！　お前，うちの店の前で何やってんだ？
男：ああ，どうも。おたくのうなぎ，おいしそうな匂いだね！ありがとう！
うなぎ屋：どういうことだ？　なんでお前，茶碗と箸を手に持ってるんだ？
男：おたくのうなぎの匂いでご飯を食べてるとこ。
うなぎ屋：なに！？　そんなことできるもんか。
男：できるんだな，これが。うなぎの匂いがすごくそそるんで，口の中がよだれだらけで。いけるよ，これ！
うなぎ屋：いやいや，そういう意味じゃない…うちのうなぎの匂いでご飯を食べるなんてダメだ。うちのうなぎだぞ。
男：でも，おたくのうなぎを食べたわけじゃないでしょ。自分のご飯を食べてるだけで。
うなぎ屋：けど，うちのうなぎの匂いを嗅いでるんだろう。それについては代金払ってもらわないとな。
男：匂いにお金を払うの？　匂いは通りがかりの人，みんなタダでしょう？
うなぎ屋：いや，それでご飯を食べたらタダじゃない！
男：わかったよ。払うよ。（小銭を出す）ほら。おたくのうなぎの匂いを嗅いだだけだからね，こっちはお金の音だけ聞かせてやるよ。
　　（小銭の入った手を振って，チャラチャラと音を立てる）

演じ方のヒント

④うなぎ屋の店主は扇子を広げて，うちわでうなぎをあおいでるようなしぐさから入るといい。

⑤手に箸と茶碗を持ったままで話す。

⑥袖に手を入れて小銭を出す。お金をうなぎ屋に見せつける。

⑦手を握って振ってみせる。

Words & Phrases 語句を覚えよう

94ページ

stingy	けちな
grilled eel	網焼きのうなぎ
done	(形容詞として)終了して，終えて
moving	(ここでは)引っ越し
neighbor	近所の人，隣人
sauce	ソース，たれ
drops	しずく
plain	あっさりした，飾りのない(この場合は味付けのないご飯，つまり白飯)
sniff	くんくん嗅ぐ

96ページ

tempting	誘惑する，そそる
water	(この場合は)つば[よだれ]を出す
pass by	通過する，通り過ぎる
clink	(ガラスや金属などに)チン，カチンという音を出させる

Act Out 演じるときのポイント

　しぐさのポイントは，ただの白飯をものすごーくおいしそうに食べる場面で，いかにそのおいしさを伝えるかを工夫することです。たとえば，うなぎは匂いだけで実際には食べていないのですから，目をつぶってご飯を口に入れ，うな重を食べているような妄想にふけりながらモグモグモグ…。ここでは，多少時間をかけても，目をつぶったまま何度も匂いをかぎ，ご飯を口に入れ，モグモグするしぐさを何度か繰り返すとおもしろいです。本当においしそうに演じてください！

　この噺は，最後にチャラチャラと小銭の音を立てるしぐさでおちるという「しぐさオチ」です。でも，実際に音が鳴るわけではあ

うなぎの匂いで白飯をおいしそうに食べる

りません。見ている人に小銭の音が伝わるように、工夫しなければなりません。袖からお金を取り出すしぐさ、それを開いた手の平にのせて見せるしぐさ、そして最後にそれを握ってシャカシャカ振るしぐさ、それぞれきちんと演じましょう。

Make Your Own オリジナル落語を作ろう

　この噺を聞いただけで、「うなぎの蒲焼という食べ物を是非食べてみたい！」という海外の観客がたくさんいます。何せ、匂いだけでご飯が食べられるというのですから、よほどおいしいのだろうと想像できるのです。できれば、うなぎの蒲焼のおいしさをより詳しく伝えてあげたいものです。

　うなぎに限らず、自分の大好物や、これは是非海外の人にも食べさせてあげたいと思う日本食について、なるべくおいしそうに表現する練習もしてみましょう。その食べ物を知らない人に説明するのですから、多少の工夫は必要です。

The thick sweet soy sauce matches perfect with eels. When it's cooked on the grill, it becomes crispy outside and soft and juicy inside.
（濃厚な甘辛醤油のたれはうなぎにぴったり合います。網で焼くと、外はパリッと、中はやわらかくしっとりするのです。）

解説

　そもそも落語は、観客の想像力に頼って成り立っている芸です。登場人物のセリフや表情、しぐさなどから、観客はその場面の情景を思い描いて楽しみます。この噺では、観客に想像してもらわなければならないところが特に重要です。実際には匂ってこないうなぎの蒲焼の匂いを想像してもらい、実際には聞こえない小銭の音を想像してもらうのです。そういう意味では、最も落語らしい落語かもしれません。演者の演技力にすべてはかかっています。

The Zoo
動物園

落語 7

比較的新しい落語で，明治時代に作られたとされています。元は外国の小噺を輸入して落語にした，ともいわれている噺です。トラのしぐさをおもしろおかしく工夫すると楽しいです。

A lazy man, Kiroku heard that there is a job at a zoo. So he came for a job interview.

Mr Sato: ①I'm Mr Sato, the manager of this zoo.

Kiroku: Yes, Mr Sato, what do I have to do here?

Mr Sato: Well, our tiger just died yesterday. He was very popular among kids. So, I want you to be the tiger!

Kiroku: What? Be a tiger?

Mr Sato: Yes, a tiger.

Kiroku: But how?

Mr Sato: Easy! ②I skinned the dead tiger, so you can wear the skin and become a tiger.

Kiroku: That's not possible … Oh yes, I have some working conditions. I can start only from 10:00 am in the morning.

Mr Sato: That's fine, the zoo opens at 10:00 am.

Kiroku: But I can't do much physical work.

Mr Sato: It's OK, you just hang out in the tiger's cage.

Kiroku: I don't want to talk to people.

Mr Sato: You better not. You are a tiger.

Kiroku: But …, I need to eat and sleep whenever I want.

Mr Sato: Fine! That's what a tiger does all day!

Kiroku: I want to get off work at 4:00 pm.

Mr Sato: The zoo closes at 4:00 pm. And I'll pay you ten thousand yen a day.

実践編　落語❼ 動物園

登場人物
- 喜六(Kiroku)…とてつもない怠け者
- 佐藤園長(Mr Sato)…怪しい動物園の園長

怠け者の喜六という男が，動物園で仕事があると聞きつけました。そこで面接を受けにやってきます。

佐藤園長：私がこの動物園の園長，佐藤です。

喜六：ああどうも，佐藤さん，僕はここで何をするんですか？

佐藤園長：あのー，昨日うちのトラが死んじゃってね。トラは子どもたちに，とっても人気があったんだよ。それで，君にトラになってもらいたい！

喜六：なに？　トラになる？

佐藤園長：そう，トラに。

喜六．でもどうやって？

佐藤園長：簡単だよ！　死んだトラの皮をはいであるからね，この皮を着てトラになればいい。

喜六：そんな，あり得ないよ…。ああ，そうだ，労働条件があるんです。朝は10時からしか始められません。

佐藤園長：いいですよ，動物園は10時開園です。

喜六：でも，肉体労働はほとんどできませんよ。

佐藤園長：大丈夫，トラのオリの中でウロウロするだけですから。

喜六：人と話すのはイヤなんです。

佐藤園長：しゃべらないほうがいいなあ。トラなんだから。

喜六：でも…，いつでも好きなときに食べて昼寝ができないと。

佐藤園長：いいですよ！　トラが一日中やってることです！

喜六：午後4時には仕事を終えたい。

佐藤園長：動物園は4時に閉園です。それに1日1万円払いましょう。

演じ方のヒント

①いい加減な人なので，変にテンションが高い，またはちゃらんぽらんな感じ，など，特徴のある性格が表せるとよい。

②重そうにトラの皮を後ろから取り出すしぐさを。トラの皮らしく，大きくて重いものを持っているように。

Kiroku: Hmm. I guess it's not a bad job. OK, I'll take it!
Mr Sato: Well, good! ③Then put on this tiger skin.
Kiroku: I see …, ④so I put my feet in here … My arms go in there …, and put this head on my head … Aha, this fits me perfectly! And I zip up the front …, ha ha ha, ⑤now how do I look?
Mr Sato: You look OK. No, no, don't stand up! Tigers don't walk like that. Now be quiet. Children are coming. Stay in the cage.
Kiroku: ⑥OK … But this is a boring job. What? Is that an announcement?
Announcement: ⑦Ladies and gentlemen! Please gather around the tiger's cage! We have a special event today. The greatest fight between the King of the Savanna and the King of the Jungle! Come around! Gather around!
Kiroku: ⑧Oh, no. No, no, no, no! The tiger is me! I didn't hear about that! Ten thousand yen a day isn't good enough for this! I die every day! No, no! No! Don't! Aaaah, the lion is coming! The lion is going to kill me! No! No! Help me! Help me!!!

The cage was opened and the lion came closer to Kiroku. Then the lion whispered in Kiroku's ear.

Lion: ⑨Don't worry. It's me, the manager, Mr Sato!

(390 words)

実践編 落語❼ 動物園

喜六：うーん。悪い仕事じゃないなぁ。わかった，やりましょう！
佐藤園長：ああ，よかった！　じゃあ，このトラの皮を着て。
喜六：なるほど…足をここに入れて…，腕はそこに入れて…，頭を頭にかぶせて…，うん，これ僕にぴったり！　それで前をチャックで閉めて…わはは，どう？
佐藤園長：悪くないですけどね。だめだめ，立っちゃ！　トラはそんなふうに歩かないの。もう静かにして。子どもたちが来ちゃうよ。オリの中にいなさい。
喜六：わかったよ…。でもこれって退屈な仕事だなあ。なんだ？園内放送かな？
園内放送：ご来園のみなさま！　どうぞトラのオリにお集まりください！本日は特別なイベントがございます。サバンナの王者とジャングルの王者の素晴らしい決闘です！　寄ってらっしゃい！　見てらっしゃい！
喜六：おいおい。やだやだやだやだ！　トラって僕じゃん！　そんなの聞いてないぞ！　こんなの１日１万円じゃ足りないぞ！毎日死んじゃう！　いやだいやだ！　やめて！　うわあああ，ライオンが来る！　ライオンに殺される！　やだ！　やめて！助けて！　助けてー!!!

オリの扉が開かれ，ライオンが喜六に近づいてきました。そして，ライオンが喜六の耳にささやきました。

ライオン：心配するな。俺だよ，園長の佐藤だ！

演じ方のヒント

③トラの皮を手渡す。

④トラの皮を受け取り，足や腕を入れるしぐさ，大きなトラの頭を持って自分の頭にかぶせるしぐさなど，なるべくリアルに演じるといい。最後に前のチャックを下から上へ閉める。

⑤威勢よく。

⑥一応トラらしく，両腕を前に置き，四つんばいになっている様子を。

⑦園内放送は，アナウンサーのようなしゃべり方で。扇子をマイクのように使ってもいい。

⑧園内放送に驚いた喜六は，じたばた暴れながら怖がる。大きな声で叫びながら，オリにすがりついたり，頭を抱えたり。

⑨最後に登場した園長は，笑顔で。ライオンらしく，両手は軽くにぎって前へ置きながら。人差し指を立てて口の前へおき，「しー」と喜八を黙らせてもおもしろい。

Words & Phrases 語句を覚えよう

100ページ

interview	面接，インタビュー
manager	経営者，支配人，責任者，マネージャー（この場合は園長）
skin	皮，（動詞として）皮をはぐ
possible	可能な，〜する能力がある
condition	状態，状況，条件
physical	身体の，肉体の
whenever	〜するときはいつでも，〜するたびに
get off	（仕事）を終える

102ページ

take	〜を受け入れる
fit	ぴったりの，ふさわしい
zip up	ジッパーを閉める
announcement	アナウンス，発表
whisper	ささやく，小声で話す

Act Out 演じるときのポイント

　前半は，喜六の労働条件がことごとくクリアされていく場面です。最初はトラになる仕事がイヤで次々に厳しい条件をつきつける喜六ですが，だんだんと条件が良くなってくるにつれて，語調が和らいでいく様子が表現できるといいですね。トラの皮を着るところは，時間をかけてもよいのでしっかりと。セリフをゆっくり言いながら，足，腕，頭を1つずつきちんと入れていきましょう。着終わったところで，「どう？」と聞くときは，膝立ちになって両手を広げ，いかにも2本足で立っている様子を演じると，トラらしくないのでおもしろくなります。

　後半は，「これって退屈な仕事だなあ」と言いながら，オリの中

前足をクロスさせながらうろつくトラ

をウロウロするしぐさを入れるとよいでしょう。両手を軽く握って前へ置き，右に両腕をクロスさせながら3,4歩，今度は左へ3,4歩，と動かすとトラらしくなります。トラになっている間は，常に両手は軽く握った形を保つようにしましょう。

Make Your Own　オリジナル落語を作ろう

①実際の英語落語では，トラになりきった喜六が様々な失敗をやらかします。お腹がすいて，目の前の子どもが食べているアイスクリームを横取りしたあげく，Thank you! とはっきりお礼を言ったり，いたずらっ子が投げつけてきた石を腹立ちまぎれに拾って投げ返したり。トラの中に人が入っているということがバレそうになる場面がいくつも登場します。どのようなことを喜六がやらかすと，おもしろくなると思いますか？ おもしろくなりそうな場面を考えて，セリフを作ってみましょう。

Kiroku: Ouch! Ouch! The kids threw rocks at me! Bad kids ... Fine, take this! *(Picks up the rocks and threw them back at the kids)* There! Go away! Ha ha ha!
（いてっ！いてっ！ガキどもが石投げた！悪ガキめ…よし，これでも食らえ！（石を拾って子どもたちに投げ返す）ほらよ！あっち行け！わはは！）

Kiroku: _____
_____

---

②喜六が出す労働条件をさらに足してもオリジナリティが出ます。その労働条件が動物園のトラという仕事にぴったり合うように考えてみましょう。

I want to wear a uniform because I don't have many clothes.（服が少ないので制服が着たい。）
I want to bundle up because I'm very sensitive to the cold. （寒がりなので，厚着をしたい。）

解説 あまりに楽な労働条件に，こんな仕事はないだろうと思われるのですが，そんな仕事があったんですね。ただし，この噺には，怠け者はひどい（怖い）目にあうという教訓が込められています。でも，落語の優しいところは，そんな怠け者でも最後にはちゃんと救われるんですね。

A Man in a Hurry
いらち俥(くるま)

短気で足の速い俥屋が客を乗せて大暴走する，迫力の一席です。俥屋とは人力車，今でいうタクシーですが，人が引いて走っているので，良くも悪くも個性が出るのがおもしろいところです。

Man: Oh, I'm in a hurry. I have to be at the church soon. I have to find a good rickshaw.

Rickshaw man: ①Hi! I'm the fastest rickshaw man in Japan! Get in. I'll take you to the church.

Man: Are you? Really? OK, I will get in your rickshaw.

Rickshaw man: Are you ready? Hold on. Let's go! ②HAAA-----

Man: ③Wow!! You are really fast! ④Ouch! What was that? That was a big bump!

Rickshaw man: ⑤I just ran over somebody.

Man: What!? You are kidding!

Rickshaw man: No. I don't joke. You better not speak. You will bite your tongue and die.

Man: Oh no, he is crazy! Help! Look! The express train is coming across the road!

Rickshaw man: Oh! How exciting! This is my favorite game. I try to cross the railroad tracks before the train hits us!

Man: No no, don't try that!

Rickshaw man: Ha ha ha! Once I start, I can't stop! ⑥I'm the fastest rickshaw man in Japan!!

Man: N-o-o-o-o----!! Somebody, help me!!

⑦WHOOSH!!!

Man: ... I'm so scared ... I almost wet my pants.

実践編　落語❽ いらち俥

登場人物
- ●男（Man）…人力車の客
- ●俥屋（Rickshaw man）…速く走ることに命をかけるクレイジーな人力車の男

男：ああ，急いでるのになあ。すぐ教会に着かないといけないのに。いい俥屋探さなくっちゃ。

俥屋：やあ！　俺は日本一速い俥屋だぜ！　乗りな。教会へ連れて行ってあげるよ。

男：あんたが？　ホントに？　よし，じゃあこの俥に乗ることにしよう。

俥屋：用意はいいか？　つかまってろ。いくぞ！　はああーー

男：わお！　本当に速いな！　いてっ！　いまのは何だ？　随分大きな衝撃だったぞ！

俥屋：いま人をひいた。

男：なに!?　冗談だろ！

俥屋：いや。俺は冗談は言わない。しゃべらない方がいい。舌をかんで死ぬぞ。

男：おいおい，この人おかしいよ！　助けて！　見ろ！　急行列車が道路を横切ってくるぞ！

俥屋：おお！　なんてエキサイティングなんだ！　俺のお気に入りのゲームだぜ。電車がぶつかる前に線路を渡りきれるかどうか試すぜ！

男：やめろ，やめろ，そんなこと試すな！

俥屋：はっはっは！　一度走りだしたら止まれないのさ！　俺は日本一速い俥屋だー!!

男：いやあーーーーー!!　誰か助けて!!

ビュンッ!!!

男：…怖かった…ズボンに漏らすところだった。

演じ方のヒント

①勢いのある感じで。人力車を引いているので，片方の腕を前に突き出して前の棒を持ち，もう片方の腕で横の梶棒を持つしぐさを。

②俥屋は，常に両手で梶棒をつかんで走っている。走行中は常に上下にゆれている。

③客も走行中は常に上下にゆれている。両手で左右の肘掛けを握っているしぐさ。

④衝撃を感じるように，少し跳ね上がって。

⑤両手で梶棒をつかんでいるしぐさを忘れずに。

⑥勢いをつけて突っ込むように。

⑦電車が通り過ぎる様子を手，もしくは頭の動きで表現する。

Rickshaw man: Oh, you are still there? You are lucky. Usually the train hits the back of the rickshaw and the passenger gets killed.

Man: Please ... get me out of this crazy rickshaw!

Rickshaw man: ⑧Here we are!

Man: What? Where? It looks strange here ... There is a lot of sand... Where are we?

Rickshaw man: We are at the beach!

Man: Beach!? No, church! I wanted to go to the church!

Rickshaw man: Church? We passed the church a long time ago. All right. Get in the rickshaw! ⑨I'll take you back to the church.

Man: ⑩...(Speechless)

Rickshaw man: Don't worry, I'll run even faster! Are you ready? Fasten your seat belt, hold on to the armrest, close your eyes and shut your mouth! Ready-----, GO! HAAAAA-----

Man: Oh no, not again! ⑪Look! It is the super express train this time!

Rickshaw man: Oh! How exciting! Ha ha ha! We'll make it! We'll make it! I'm the fastest rickshaw man in Japa---n!!

Man: N-o-o-o-o-----!! ⑫(Faints)

Rickshaw man: .... Hey, wake up! Sir, wake up!

Man: Oh, Rickshaw man ... Did I faint ...?

Rickshaw man: Yes.

Man: It looks strange here ... There are a lot of flowers ... Where are we?

Rickshaw man: We are in heaven!

(337 words)

実践編　落語❸ いらち俥

俥屋：おお，まだいたのか？　お前は運がいい。いつもなら電車が人力車の後ろにあたって客は死んでるんだがな。
男：お願い…このクレイジーな人力車から降ろして！
俥屋：着きましたぜ！
男：なに？　どこ？　変だよ…砂がたくさん…どこにいるの？
俥屋：ビーチだ！
男：ビーチ!?　違う，チャーチ！　教会へ行きたかったの！
俥屋：教会？　だいぶ前に通り過ぎたぜ。わかった。俥に乗りな！教会まで連れ戻してやるぜ。
男：…（言葉が出ない）
俥屋：心配するな，もっと速く走ってやる！　用意はいいか？シートベルトして手すりにつかまって目を閉じて口を閉じて！よーし…，行くぞ！　はああーーーー
男：おい，もうやだ！　見ろ！　今度は特急列車だぞ！
俥屋：おう！　なんてエキサイティングなんだ！　はっはっは！間に合うぜ！　問に合わすぜ！　俺は日本一速い俥屋だ　!!
男：いやあーーーーー!!　（気を失う）
俥屋：…おい，起きろ！　だんな，起きなって！
男：おお，俥屋…俺は気を失ったのか…？
俥屋：そうだ。
男：ここは変なところだな…花がたくさんある…どこにいるの？
俥屋：天国だ！

演じ方のヒント

⑧到着したところで，人力車の梶棒を下ろすので，前に突き出していた腕を床に下ろす。

⑨再度梶棒を両手で持つ。

⑩悲壮な表情でまた乗り込む。

⑪列車が来るほうを指差すなどのしぐさがあるといい。

⑫男は失神するので，次に俥屋が起こすまでの間，頭をうなだれて少し間をあける。

Words & Phrases 語句を覚えよう

106ページ

in a hurry	急いでいる，あわてている
rickshaw	人力車
hold on	(…に)しっかりとつかまる
bump	衝撃，(ぶつかってできた)こぶ，ドシンと当たる，ぶつかる
run over	(車などで)ひく
tongue	舌
railroad tracks	線路
whoosh	ビュッという音

108ページ

passenger	乗客
faint	気を失う

Act Out 演じるときのポイント

　とにかく勢いが大事な噺で，本気でやると汗だく必至の一席です。噺の間は，ほぼずっと，体を上下にゆすっていることになります。俥屋は梶棒を両手で引きながら，客は肘掛を両手でつかみながら，走行中はずっとそれぞれその姿勢で進んでいきます。最初の線路を越える場面では，ビュンッと通り過ぎた後も走り続けているので，人力車は上下に揺れたままです。そのまま，客が「怖かった…」とセリフを続けます。ビーチに到着したときは，一度客も俥から降ります。肘掛に両手を乗せ，ぐっと腕を伸ばして俥から降りるしぐさをします。その後，再び俥屋に乗れと言われて乗ることになります。

　後半の特急列車につっこむ場面では，客がN-o-o-o-o----!と叫んだあと，がくっと首をうなだれます。客が失神する場面です。それと同時に，上下にゆれていた人力車もぴたっと止まります。しばらく間をあけてから，俥屋が客を起こします。このとき，手を叩くなどして起こしてもいいですね。

梶棒を両手でつかむ俥屋

Make Your Own オリジナル落語を作ろう

　本来，客の行き先は地名でした。この噺を東京で演じるときは上野，大阪で演じるときは難波，のように場所の名前が使われているのですが，それでは海外はおろか，日本の別の地域の人にとってもピンときません。そのため，英語落語ではどこでも使えるようなchurchとbeachに変えています（文化圏によってはこれも変えることがあります）。行き先はどこでもよいのです。行き過ぎて着いてしまったところも，どこでもよいのです。オリジナルのもの（近所の地名や建物の名前など）を考えて変えてみましょう。

Man: Where are we?
（ここはどこなの？）
Rickshaw man: We are at Midori High School!
（緑高校だ！）
Man: Midori High School? No! Midori Junior High School!
（緑高校？　違うよ！　緑中学校！）
Rickshaw man: Midori Junior High School? We passed it a long time ago.
（緑中学校？　ずいぶん前に通り過ぎたぞ）

解説

　人力車は英語でrickshawといいますが，語源は人力車の略，力車（りきしゃ）であるといわれています。人力車のような乗り物は世界各地にあり，どこの国でも比較的なじみのある乗り物のようです。

　この噺には人力車と列車が登場するということから，「動物園」と同じく明治時代に作られた噺のようです。古典落語といっても，かならずしも江戸時代の話ではなく，それぞれの時代にさまざまな落語が作られているのですね。

　なお，「いらち俥」は上方落語のタイトルです。江戸落語では「反対俥」となります。

I Hate *Manju*
まんじゅうこわい

落語 ⑨

定番落語の１つですが，登場人物が多く，演じ分けが難しいかもしれません。キャラクターの設定をいろいろ考えてオリジナルの登場人物に仕上げるのも，この噺の工夫のしどころであり，楽しさでもあります。

Friend 1: ①<u>Hey, let's tell each other what you hate or are scared of.</u> See, I hate snakes. They look strange.

Friend 2: Me? I'm scared of spiders. When I see them, I get chills up my back.

Friend 3: Well, I'm scared of my ②<u>mother</u> … When she calls my name, I worry if I have done something wrong.

Friend 1: Yeah, me too.

Friend 2: Ah, yes. Me too. Hey, Tatsu, you haven't told us yet. What are you scared of?

Tatsu: ③<u>Me? Oh no, I'm not scared of anything.</u>

Friend 2: You must be scared of something. Tell us!

Tatsu: No, I have nothing to be scared of. I'm not like any of you.

Friend 2: Come on, Tatsu! That's not fair. Tell us one thing you really hate!

Tatsu: Well …, OK. I hate to tell you this, because it's very strange but …, ④<u>I'm scared of …, *manju*.</u>

Friend 1: ⑤<u>What …? *Manju*?</u> You mean, that soft steamed sweet bun with sweet bean paste inside?

Tatsu: Yes.

Friend 3: The most popular and everybody's favorite sweet, *manju*?

112

実践編 **落語❾** まんじゅうこわい

登場人物
- **タツ**(Tatsu)…友人たちをちょっとバカにしたように，いつも偉そうにしている人。
- **友人1/2/3**(Friend 1/2/3)…いたずら好きな3人組

友人1：おい，お互いに嫌いなものとか怖いものを教えようぜ。まあ，俺はヘビが嫌いだな。見た目が気持ち悪い。

友人2：俺？　俺はクモがこわいな。あれを見ると，背中がぞっとする。

友人3：まあ，俺は母さんが怖いな…名前呼ばれると，何かまずいことでもしちゃったのかと心配しちゃう。

友人1：ああ，俺もだな。

友人2：うん，うん。俺もそう。おいタツ，お前はまだ言ってないな。お前は何が怖いんだ？

タツ：俺？　いや，俺は怖いものなんて何もないよ。

友人2：何か怖いものくらいあるだろう。教えろよ！

タツ：いや，怖いものなんて何もないよ。お前らとは違うんだ。

友人2：おいおい，タツ！　ずるいぞ。1つでいいから本当に嫌いなもの教えてくれよ。

タツ：じゃあ…，わかったよ。これを言うのはいやなんだが。なんせひどく変わってるから…，俺は…まんじゅうが怖い。

友人1：なに？　まんじゅう？　ってあのやわらかい蒸しパンの中に甘いあんこが入ってるやつ？

タツ：そう。

友人3：あの人気のある，みんなが大好きなお菓子のまんじゅう？

演じ方のヒント

①それぞれの登場人物が怖いものを教え合う。それぞれのキャラクターを考えて作ると楽しい。声の高い人，頭をかく癖のある人，怖がりで挙動不審な人…など。

②ここは teacher, wife などに置き換えてもよい。

③タツは腕を組むなどして，威張った感じで。友人たちをちょっと見下している様子が出るといい。

④しぶしぶ怖いものを言うときのタツは，ゆっくりと，自信なさそうに。

⑤まんじゅうと聞いて，友人たちは大げさなくらいに驚く。

Tatsu: ⑥Yes, yes! And I already got a rash just by hearing the word!

Friend 2: Tatsu, you are scared of *manju?* They are delicious!

Tatsu: ⑦Don't say that! I feel sick! I have to go home and lie down. Bye!

Friend 2: Wow ... Did you hear that? Tatsu is scared of *manju.* ⑧Oh, yes! Let's gather our money and buy a lot of *manju.* And throw them into his house! He will be so surprised!

Friend 1: Yes, that sounds fun!

⑨*So they bought a lot of manju and threw them into Tatsu's house.*

Tatsu: ⑩What are those!? *Manju!!??* No! No!! Help me! Oh, no, I got a headache! I'm dizzy! Oh, I feel sick!

Friend 2: Ha, ha, ha! Did you hear that? Tatsu is struggling in the pile of *manju.* How funny!

But after a while Tatsu became quiet.

Friend 1: Hey, what happened? It's quiet. Maybe we killed him! Let's take a look.

(Opens the door and looks inside the house)

Friend 2: Tatsu! You are ... eating *manju!* Why are you smiling!? What? You are happy? Oh, you cheated us! You are not scared of *manju!* You love them! You liar!! Tell us what you are really scared of!?

Tatsu: ⑪Well let's see ..., now I'm scared of hot green tea.

(344 Words)

実践編 落語❾ まんじゅうこわい

タツ：そう，そう！　もうその言葉を聞いただけで湿疹が出てきたよ！

友人2：タツ，お前，まんじゅうが怖いの？　おいしいじゃん！

タツ：言うな！　気分が悪い！　家に帰って横にならなきゃ。じゃあな！

友人2：へええ…聞いたか？　タツはまんじゅうが怖いんだって。そうだ！　みんなでお金を集めて，まんじゅうをたくさん買おう。で，やつの家にそれを放り込もう！　おどろくぞー！

友人1：いいね，それおもしろそう！

みんなでまんじゅうを買いまして，それをタツの家に放り込みます。

タツ：なんだこれ!?　まんじゅう！！??　いやだ！　いやだ！！　助けて！　ああ，頭痛がしてきた！　めまいがする！　ううー，気持ち悪い！

友人2：わはは！　聞いたか？　タツがまんじゅうの山の中で苦しんでるぞ。おもしろい！

しかし，しばらくしてタツが静かになりました。

友人1：おい，どうしたんだ？　静かだぞ。タツのやつ死んじゃったのかな！　ちょっと見てみよう。

（ドアを開けて家の中をのぞいてみる）

友人2：タツ！　お前…，まんじゅうを食べてるのか！　なんで笑ってるんだ!?　なに？　うれしい？　あっ，おまえだましたな！　お前まんじゅうなんて怖くないんだろ！　大好きなんだ！　このうそつきめ!!
本当に怖いものは何なのか，言ってみろ!?

タツ：うーん，そうだなあ…，今は熱ーいお茶が怖い。

演じ方のヒント

⑥湿疹が出てきたので，体じゅうをかゆそうにかくしぐさを。

⑦本当に吐きそうなくらい具合悪そうに，逃げ出す。

⑧うれしそうに，笑いながら。

⑨ナレーション部分に入る直前に，扇子で床をトンと叩いて場面の移り変わりを表現。

⑩まんじゅうを見て，死にそうに暴れて苦しむ。いろいろ工夫して大げさに騒ぐとおもしろい。

⑪うれしそうに，満足そうに，まんじゅうをほおばったまま，両手にもまんじゅうを持って，最後のセリフ。

🏮 Words & Phrases 語句を覚えよう

112ページ

be scared of	〜におびえる，恐れる
see	ほら，まあ
strange	奇妙な，変な，不思議な
chills	冷気，寒気
fair	公平な，公正な
bean paste	豆を練ったもの，豆のペースト（この場合は，あんこ）

114ページ

rash	湿疹，発疹，吹き出物
headache	頭痛
dizzy	めまいがする，ふらふらする
struggle	もがく，あがく，じたばたする
a pile of 〜	たくさんの〜，山のような〜
cheat	だます，欺く
liar	うそつき（日本語以上に強い表現）

🪭 Act Out 演じるときのポイント

　タツの演じ方は重要なポイントです。最初はいつものように友人たちに対して威張った態度をとっていますが，まんじゅうが怖いと伝えるときは信じてもらえるようにおそるおそる，本当にびくびくしながら話します。これはタツ自身もまんじゅうが怖いという演技をしているわけですが，最初の威張り具合と打って変わった様子を出すといいでしょう。そして，まんじゅうを投げ込まれたときのタツは，もう死んでしまうかのようにもんどりうって苦しみます。これも，もちろんタツの演技。ですから，少々わざとらしく，バカバカしいくらい大げさにやるとおもしろいと思います。

　そして最後の場面では，十分にまんじゅうを堪能したタツが満

まんじゅうをおいしそうに食べる

面の笑顔でニターッと笑いながらお茶が怖い，と言います。ここでは，もうこれ以上の顔はできないというくらい，最高にうれしそうな笑顔でお願いします。笑顔が素晴らしければ素晴らしいほど，憎たらしいオチになります。セリフのあとに，まだまんじゅうをモグモグ食べていてもおもしろいです。

Make Your Own　オリジナル落語を作ろう

　怖いもの，嫌いなものは何か，ということについて皆で語り合っている場面では，実はもっとたくさん変なものやその理由が登場します。たとえば，ヘビが嫌いな人はヘビが嫌いなあまり，長いものは皆嫌いでそばさえも食べられない，という始末。これは何でもいいので，よりおもしろいものを自分で考えてみましょう。たとえばアイスクリームが怖い，その高すぎるカロリーが怖い，など，怖い（嫌いな）ものとその理由や程度をいろいろ考えると，どんどん笑いどころが増えます。

```
怖い（嫌いな）もの：＿＿＿＿＿＿＿＿＿＿＿＿＿＿＿＿＿＿＿＿＿＿＿＿＿＿
　　理由や程度：＿＿＿＿＿＿＿＿＿＿＿＿＿＿＿＿＿＿＿＿＿＿＿＿＿＿
怖い（嫌いな）もの：＿＿＿＿＿＿＿＿＿＿＿＿＿＿＿＿＿＿＿＿＿＿＿＿＿＿
　　理由や程度：＿＿＿＿＿＿＿＿＿＿＿＿＿＿＿＿＿＿＿＿＿＿＿＿＿＿
```

解説

　「まんじゅう」が何かをセリフに挿入して説明しているところがありますが，これは日本語の落語にはないセリフです。海外ではまんじゅうがどういう食べ物なのか，おいしいのかまずいのか，甘いのか辛いのか，まったくわからないからです。

　昔は今ほど甘いものがなく，砂糖がとても貴重だったため，この噺が作られた当初は今よりもインパクトの強い噺であっただろうと想像できます。高級なまんじゅうを食べたいがために友人をだましたタツ。なけなしのお金を集めてタツにまんじゅうを買ってしまった友人たち…さぞやショックだったでしょうね。

Momotaro, the Peach Boy
桃太郎

落語 ⑩

昔話の桃太郎を題材にした落語です。皆がよく知っている桃太郎ですが，実は深い意味のある話だったんですね。落語に出てくる生意気なケンちゃんを通して，なるほどと思わずうなってしまう，いい話です。

Children used to be innocent, obedient, and cute. Children these days are sarcastic, logical, and …, too smart.

Father: ①Ken! Ken! It's time to go to sleep. Stop playing video games. Go to your room.

Ken: But Dad, I'm not sleepy.

Father: Who cares? Close your eyes, then you will fall asleep.

Ken: It's boring.

Father: Fine. I will tell you an interesting story. So get into your bed. ②… OK.
③Long long ago …,

Ken: ④When?

Father: It doesn't matter.

Ken: Yes, it does. When? A hundred years ago?

Father: OK, yes. There lived an old man and an old woman.

Ken: What are their names?

Father: It doesn't matter.

Ken: Yes, it does. Everybody has a name.

Father: They didn't have names!

Ken: That's ridiculous.

Father: The old woman went to the river to wash their clothes.

実践編 落語❿ 桃太郎

登場人物
- 父親(Father)…父親としての役割を果たそうとがんばっているが,ちょっと間の抜けたかわいいところのあるケンのお父さん
- ケン(Ken)…しっかり者で賢くて少し生意気な男の子

昔の子どもは純粋で従順でかわいかったものです。最近の子どもは皮肉っぽくて理屈っぽくて…賢すぎるようです。

父親：ケン！　ケン！　寝る時間だぞ。ゲームは終わりだ。自分の部屋へ行きなさい。

ケン：でもお父さん,僕眠くないよ。

父親：眠くなくてもいいんだ。目をつぶってれば寝ちまうよ。

ケン：そんなのつまんないよ。

父親：わかったよ。じゃあおもしろい話をしてやろう。布団に入りなさい。…よし,いいな。
　　　むかーしむかし…

ケン：むかしっていつ？

父親：そこはどうでもいいんだよ。

ケン：よくないよ。いつ？　100年前？

父親：わかった,そうだよ。あるところにおじいさんとおばあさんが住んでいました。

ケン：名前はなんていうの？

父親：そこはどうでもいいんだよ。

ケン：よくないよ。誰だって名前はあるだろ。

父親：名前はないの！

ケン：そんなバカな。

父親：で,おばあさんは川へ洗濯にいきました。

演じ方のヒント

①少し遠くにいるように見えるよう,目線を遠くへ投げて。

②布団を子どもにかけるしぐさ。

③寝ている子どもに話しかけるように,目線を下に向ける。

④ケンは寝ているので,布団を両手でつかんでいる,もしくは両手をあごの下に置いてひじをついている,などの姿勢をとるとよい。目線は,父親を見上げるように上向きに。

Ken: Why didn't she just use a washing machine?
Father: Because they didn't have one a hundred years ago! ⑤<u>Then a huge peach came down the river.</u>
Ken: That's impossible.
Father: She picked it up and took it home. When they cut the peach in half, a little boy came out.
Ken: That's crazy. A boy does not come out of a peach. If that happens, the supermarket will be crowded with little boys.
Father: Be quiet! Just listen to the end! ⑥<u>The old man and the old woman were very happy. They named him Momotaro, Peach Boy, and raised him. When Momotaro became a grown-up, he said he wanted to beat the ogres in the village. On his way, he met a dog, a pheasant, and a monkey. They all went to beat the ogres and saved the people in the village. Momotaro brought lots of treasure home. Happy ending.</u> … See? Are you sleeping? No? Why!!
Ken: ⑦<u>Dad, it's Momotaro,</u> isn't it? It is truly a good story, but you ruined it.
Father: ⑧<u>I thought you ruined it!</u>
Ken: No no, you don't understand. ⑨<u>You see,</u> the story starts with "Long long ago", because it is universal to all people. There are no names of the place or people because it is easier for all children to imagine the place. The old man and the old woman raise the child in this story instead of a father and a mother, because there are children with no parents. The story is made easier for all children to listen to.
Father: Wow. Really? That is very thoughtful. And then?

| 実践編 | 落語⓾ 桃太郎 |

ケン：なんで洗濯機を使わないの？
父親：100年前は洗濯機なんてないの！　で，川からでっかい桃がながれてきました。
ケン：それはあり得ないね。
父親：おばあさんはそれを拾って家へ持ち帰りました。桃を半分に割ったら，小さな男の子が出てきました。
ケン：それはおかしいでしょ。桃から男の子は出てこないよ。そんなことが起きたら，スーパーマーケットが男の子でいっぱいになっちゃうよ。
父親：うるさいな！　最後まで聞けよ！　おじいさんとおばあさんはとても喜んで，桃太郎と名づけて育てました。桃太郎が大きくなると村の鬼をやっつけると言いました。途中で犬，キジ，猿に出会い，みんなで鬼を退治し，村の人々を救いました。それで桃太郎はたくさんの宝を持ち帰りました。めでたしめでたし。…ほらな？　もう寝たか？　まだ？　なんで！！
ケン：お父さん，それ桃太郎の話でしょ？　それって本当はいい話なのに，お父さんがめちゃくちゃにしたよね。
父親：お前がめちゃくちゃにしたんだろう！
ケン：違う違う，わかってないな。あのね，この話が「むかしむかし」で始まるのは，どの時代の人にも普遍的であるためなんだよ。場所や人に名前がないのも，子どもたちに想像しやすくするため。おじいさんとおばあさんが子どもを育てるという設定だって，両親のいない子どもたちのためなんだよ。この話はすべての子どもたちに聞きやすいようにできているんだ。
父親：ほおお。ほんとか。よく配慮されてるな。それで？

演じ方のヒント

⑤大きな桃が流れてきたようなしぐさを両手で。

⑥ちょっとイヤになってきた父親，ここからはささっと早口で。とっとと終わらせてしまえ，という感じを出す。

⑦ケンはあきれた様子で。

⑧父親は怒り出す。

⑨ここでケンは起き上がり，正座するなどの姿勢に変わるので，座り直すなどするとよい。

Ken: Then, see, nobody is born from a peach. The peach is a metaphor. It means health.
Father: I see! You are really smart. And then what?
Ken: Momotaro meets a dog, a pheasant, and a monkey. Those represent loyalty, bravery, and wisdom. See, dogs are loyal, pheasants are brave, and monkeys are smart. And the ogres are the obstacles of society. But if a healthy young man has loyalty, bravery, and wisdom, he can overcome the obstacles of society and be successful. Then he can get the treasure. Treasure means happiness in your life. Momotaro is really a great story about how a man should live his life, you know? ⑩ <u>Dad? Dad? Are you sleeping?</u> Fathers these days are so innocent and cute.

(500 words)

実践編 落語⑩ 桃太郎

ケン：それであと，桃から生まれる人はいないよね。桃は比喩なんだ。あれは健康を象徴してるっていうこと。

父親：なるほどね！　おまえ，賢いなあ。それで何？

ケン：桃太郎が犬とキジと猿に会うよね。あれもそれぞれ，忠誠心，勇気，そして知恵を象徴しているんだ。ほら，犬は忠誠心があって，キジは勇敢な鳥でしょ。で，猿は頭がいい。それから鬼っていうのは社会における障害物だ。でも，健康な若者に忠誠心と勇気と知恵があれば，社会の障害物を乗り越えて成功することができるってこと。それで宝を手に入れることができるんだ。宝っていうのは人生における喜びのことだよ。桃太郎っていうのは，人がどのように人生を生きるべきかっていうのを教えてくれる素晴らしい話なんだ，わかるかい？　お父さん？　お父さん？　寝ちゃったの？　最近のお父さんってのは純粋でかわいいもんだなあ。

演じ方のヒント

⑩父親が寝てしまった場面では，目線は下。父親をちょっとゆすってみる，などするとよい。

Words & Phrases 語句を覚えよう

118ページ

innocent	無邪気な，純真な
obedient	従順な，言うことをよくきく，忠実な
sarcastic	嫌味な，皮肉な，当てこすりの
Who cares?	そんなこと誰が気にするものか，どうでもいい
fall asleep	寝付く
It doesn't matter.	どうでもいい。関係ない。
ridiculous	ばかげた，滑稽な，ばかばかしい

120ページ

washing machine	洗濯機
huge	巨大な，でっかい
crowded	混み合った，満員の
raise	～を育てる，養育する
grown-up	大人，成人
beat	打ち勝つ（原義は連打する）
ogre	（伝説・童話に出てくる）鬼
ruin	台無しにする，だめにする，めちゃくちゃにする
instead of	～の代わりに
thoughtful	思いやりのある，思慮深い

122ページ

metaphor	隠喩，暗喩，メタファー（何かにたとえたり象徴させたりすること）
loyalty	誠実さ，忠節，忠誠
bravery	勇気，勇敢さ
wisdom	賢明さ，知恵，英知
obstacles	障害，じゃま，妨害

実践編　落語❿ 桃太郎

Act Out 演じるときのポイント

　登場人物が父親と息子の2人だけ、という意味では比較的演じやすい演目です。しかし、しぐさが少ないので動きがあまりなく、おしゃべりが中心となる噺でもあります。前半では父親は父親らしく、少し威厳のある低い声で演じ、ケンは子どもらしい無邪気な質問をぶつける少年として演じるといいでしょう。目線も、前半は、父親は上から見下ろすようにし、ケンは寝ているので見上げるようにします。

　後半になると、親子の立場が逆転します。起き上がったケンは話して聞かせるように「上から目線」で、父親は息子を尊敬するようなまなざしで話を聞きます。後半は腕組みをして感心しながら聞くしぐさなどを工夫するといいでしょう。

布団をかぶりながら父親に質問するケン

解説

　昔の子どもなら、何度も聞いたことのある桃太郎の話でも素直に聞いて、話の途中でスーッと寝入ってしまう…そんな古き良き時代はもう過ぎ去ってしまった、というところから噺は始まります。実際の落語では、きびだんごの意味（質素な食べ物。成功するには贅沢をしてはならない、という戒め）など、ケンの話には盛りだくさんの知識がつめこまれています。本当に、大人が聞いていても納得してしまう、多くの教えがつまった噺なのです。

おわりに　〜これからの目標〜

　英語落語の公演をずっと続けてきましたし，これからも続けて行くのですが，大きく掲げている目標が2つあります。

　1つは，rakugoという言葉がオックスフォードの英英辞典に載ることです。国際言語として認められ，世界の人々が知っているべき単語に，rakugoが掲載されたら，これまでやってきたことが形になって認められたという気がします。kabukiもnohも，そしてanimeやsalarymanも載っているのにrakugoがないのですから。ある言葉が世界に普及するということは，ただ言葉が広まるというだけのことではありません。その言葉がもつイメージも一緒に広まっていきます。たとえばsushiという言葉と食べ物が広まることによって，日本人の健康的な食生活や繊細で美しい色彩感覚なども一緒に世界の人は知るところになるのです。ということは，rakugoという言葉が広まることによって，日本人にもおもしろいところがある，親しみやすい人たちである，誰もが共感できる人間味がある，というイメージも広まるはずです。笑いは敵を作らず，と何度も言っていますが，笑顔のイメージがない日本人は，放っておいたらいつ嫌われるかわかりません。日本人もほがらかな笑顔のある人たちだというイメージを広げたいですね。

　もう1つの目標は，地道に市民レベルから世界平和を狙うということです。海外公演をしていると，公演後に誰もが口ぐちに「素晴らしかった，楽しかった，来てくれてありがとう」「日本にこんな素晴らしい芸があるとは知らなかった」「日本人がこんなにおもしろくていい人だとは思わなかった」，と声をかけてくれます。日本人はいい人だ，と思ってくれるのです。もともと親日の地域でもそうでなくても，英語落語を見てその会場が1つになってワアーッと皆で笑うことによって，親近感がわき，距離が縮まり，仲良くなれるのです。公演をしているこちら側が思うよりずっと強く，好意を抱いてくれます。一緒に笑い合うということは，お互いを好きになるということなのです。敵意や悪意はそこには存在せず，平穏な気持ちになれます。「Laugh & Peace」という言葉がありますが，まさにその通りです。一緒に笑うことによって，平和な環境をつくれるのです。

　英語落語公演を観ると，日本人に対してとてもいい印象をもってくれるということですから，海外公演ではなるべく多くの子どもたちに観てもらうようにしています。積極的に小学校，中学校，高校，大学，をどんどん訪れて，こちらから頼んででも英

語落語の公演をやらせてもらいます。若いうちに英語落語を観てもらって，日本に対していい印象を強く持ってもらいたいのです。「子どものときに，学校に日本からRakugoが来て観たんだよ。とってもおもしろくて，日本人っていい人たちだと思ったよ」と言ってくれる人を増やしたいのです。この子たちの何人かは大人になって，政界や経済界で力を発揮するようになるかもしれません。ビジネスで日本人と関わるようになるかもしれません。そして何かのきっかけで日本と気まずい関係になったり，対立関係になったりしたときに，争いを避けてくれるのではないか，と期待してしまうのです。何だか腹黒いことを考えているようですが，本当にそう思えるくらい，子どもたちは素直に純粋に私たちに接してくれて，目を輝かせて「日本が大好きになりました」「高校にいったら日本語勉強します」と言ってくれるのです。この子たちは絶対に将来，親日派になる！と自信をもって言えます。そして何かあったら，きっと日本の味方をしてくれる，と思います。一緒にスポーツをする，一緒に音楽を演奏する，さまざまな国際交流の方法があり，それぞれにとても意味があって有効です。笑いもその1つで，人々の心を1つにして平和をもたらす特効薬なのです。

　英語落語を通して，そんなことができたらうれしいな，と思います。私だけでなく，多くのみなさんが世界に日本を発信してくれたらいいな，と思います。必ずしも英語落語である必要はありません。これをきっかけに，得意なこと，好きなこと，それを極めて是非世界の人々に教えてあげてほしいと願っています。

2013年4月

大島希巳江

[著者紹介]
大島希巳江(おおしま・きみえ)
　教育学(社会言語学)博士。専門分野は社会言語学，異文化コミュニケーション，ユーモア学。神奈川大学国際日本学部国際文化交流学科教授。1996年から英語落語のプロデュースを手がけ，自身も古典，新作落語を演じる。毎年海外公演ツアーを企画，世界20カ国近くで公演を行っている。著書に，『日本の笑いと世界のユーモア』(世界思想社),『英語落語で世界を笑わす！』(共著／立川志の輔),『英語で小噺！』(共に研究社)他多数。

装丁・本文デザイン　　下野ツヨシ
表紙・本文イラスト　　モリモト・パンジャ
英文校閲　　　　　　　坂本ロビン
DVD制作　　　　　　　株式会社 共同テレビジョン

やってみよう！　教室で英語落語［DVD付き］
2013年6月20日　第1刷発行
2021年4月30日　第4刷発行

著　者　　大島希巳江
発行者　　株式会社 三省堂　代表者　瀧本多加志
印刷者　　三省堂印刷株式会社
発行所　　株式会社 三省堂
　　　　　〒101-8371　東京都千代田区神田三崎町二丁目22番14号
　　　　　電話　編集(03)3230-9411　　営業(03)3230-9412
　　　　　https://www.sanseido.co.jp/

©Oshima Kimie 2013　　　Printed in Japan
ISBN978-4-385-36156-7　〈教室で英語落語・128pp.〉
落丁本・乱丁本はお取り替えいたします。

本書を無断で複写複製することは，著作権法上の例外を除き，禁じられています。また，本書を請負業者等の第三者に依頼してスキャン等によってデジタル化することは，たとえ個人や家庭内での利用であっても一切認められておりません。